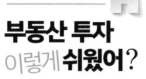

부동산 투자
이렇게 **쉬웠어**?

부동산 투자
이렇게 쉬웠어?

초 판 발행 2017년 06월 07일
37쇄 발행 2023년 05월 26일

지 은 이 신현강(부룡)
감　　수 송희창
책임편집 김혜진
기획/편집 배희원
편집진행 최상진
펴 낸 곳 도서출판 지혜로

출판등록 2012년 3월 21일 제 387-2012-000023호
주　　소 경기도 부천시 원미구 길주로 137, 6층 602호(상동, 상록그린힐빌딩)
전　　화 032-327-5032 | **팩　　스** 032-327-5035
이 메 일 jihyero2014@naver.com
　　　　　　(독자 여러분의 소중한 의견과 원고를 기다립니다.)

ISBN 979-11-87799-03-0 13320
값 16,000원

도서출판 지혜로는 경제 · 경영 서적 전문 출판사이며, '독자들을 위한 책을 만들기 위해
객관적으로 실력이 검증된 저자들의 책만 엄선하여 제작합니다.

당신을 부자로 만들어 줄
실전 투자 Secret

부동산
투자
이렇게
쉬웠어?

신현강(부룡) 지음 | 송희창 감수

평생 이기는 부동산 투자를 위한 지침서

송희창

㈜ 케이알리츠 대표,

『엑시트 EXIT』,

『송사무장의 부동산 경매의 기술』,

『송사무장의 부동산 공매의 기술』,

『송사무장의 실전 경매』,

『한 권으로 끝내는 셀프 소송의 기술』

저자

부동산 분야 최고의 잠룡(潛龍), 드디어 세상에 나오다!

2008년, 온라인 커뮤니티에서 우연히 읽게 된 글에 나도 모르게 매료되고 말았다. 부동산 투자 전문 회사와 재테크 카페를 운영하면서 부동산 투자와 관련된 수많은 글들을 보았고, 경·공매 투자 칼럼니스트이자 관련 책의 저자로 활동하면서 나 역시도 투자자들을 위한 글을 적지 않게 써 왔었다. 그런데 '부룡'이라는 닉네임을 가진 그가 남긴 글은 그냥 읽고 지나칠 수가 없었고 이 글을 남긴 사람에 대한 나의 호기심을 강렬하게 자극했다.

지체 없이 그가 올린 다른 글들을 모두 검색해 읽은 후 수소문하여 그를 찾아갔다. 그것이 부룡님과의 첫 만남이었다. 그와 식사를 하며 이야기를 나누고 나서, 나는 그 자리에서 바로 그에게 칼럼니스트를 제안했고, 강연회의 강사로 초청했다. 그 결과로 2009년에 출간된 내 두 번째 저서의 저자 강연회에서 공동으로 강의를 하게 되었는데, 당시 강연회에 초대된 400명에 이르는 투자자 및 독자로부터 뜨거운 호응을 얻었다. 사실 웬만한 내공으로는 그 많은 대중 앞에 제대로 서 있는 것조차 힘든데 짧은 시간에 대중에게 인정받는다는 것은 정말 대단한 것이다. 그리고 그는 지금까지도 나와 돈독한 인연을 유지하고 있고, 수많은 투자자들에게 귀감이 되는 칼럼을 쓰고 있다.

부룡님은 20년 동안 부동산 투자 시장에서 꾸준히 성과를 거두며 살아남은 최고의 실력자이다. 그것도 전업 투자자가 아니라 금융 상품을 설계하는 직장인으로서의 역할도 훌륭하게 해내면서 말이다. 사실 부동산 분야에서 전문가 행세를 하며 책을 쓰고 강의하고 있는 사람들 중에서 진짜 실력자는 20% 수준에 불과하다. 고수임을 자처하며 본인의 실력이나 투자 성과에 대해 과장하여 선전하고 이를 또 다른 벌이의 수단으로 이용하는 일부 투자자들과는 달리, 그는 자신을 드러내기를 꺼려하는 성향으로 인해 뛰어난 실력을 지녔음에도 불구하고 일반 대중에게 거의 노출되지 않았었다.

유비가 제갈량이라는 인재를 맞아들이기 위해 기꺼이 삼고초려(三顧草廬)를 했듯이, 나 또한 최고의 잠룡을 세상에 나오게 하기 위해 끊임없이 설득해 왔다. 몇 번을 고사하고 드디어 세상에 나온 그가 이 책을 통해 제대로 된 부동산 투자가 무엇인지 확실하게 보여줄 것으로 기대한다.

실력을 갖추면 부동산 투자가 쉬워진다!

골동품이나 보석처럼 희소가치가 있는 상품이 아니라면 대부분의 물건은 시간이 지날수록 값어치가 떨어진다. 그러나 부동산은 다르다. 시간의 경과가 미치는 영향도 있긴 하지만, 그 외의 다양한 요인에 의해 가격이 오르기도 하고 내려가기도 한다. 이러한 이유로 부동산은 투자 대상으로서 아주 매력적이지만, 한편으로는 어렵고 위험하다고 여겨진다.

'부동산 투자가 이렇게 쉬웠어?'라니!

부동산 투자는커녕, 내 집 마련도 어렵다고 망설이고 있는 누군가에게는 이 책의 제목이 무척이나 자극적이고 낯설게 느껴질 수밖에 없을 것이다. 그러나 이미 이 책을 모두 읽고 감수한 나는 이보다 더 강한 제목이라도 충분히 받아들일 수 있을 것이라 생각한다. 사실 부동산 투자가 어렵고 두렵게 느껴지는 이유는 '부동산의 속성'과 '투자의 원리', 그리고 '부동산 시장의 흐름'을 잘 알지 못하기 때문인데, 이 책은 그 두려움의 원인이 되는 무지를 깨닫고 극복하게 해 주는 최고의 부동산 투자 기본서가 될 것이기 때문이다.

부동산 투자는 감(感)으로 해서도, 전문가에게 의지해서도 안 된다. 부동산 시장에는 늘 '기회'와 '위험'이 공존하기 때문에 무엇보다 자신의 실력을 키우는 것이 중요하다. 언제, 무엇을, 어떻게 사고 또 팔아야 하는지 부동산 투자의 원리부터 확실히 알아야 한다.

과거 뉴타운(재개발) 열풍이 불었던 때, 나는 경기도 및 흑석동 뉴타운 예정 지역을 사서 짧은 기간에 수익을 내고 매도하였다. 매입하고 보유했던 기간 동안 가격이 매우 가파르게 상승하여 큰 수익을 안겨 주었던 그 지역은 매도 후 십여 년이 지난 지금까지도 개발이 되지 않았고 가격은 정체되어 있다. 2015년에는 제주도 토지를 매입해서 건물을 신축했는데 이 또한 큰 수익을 거둔 후 2년 만에 토지를 비롯한 모든 물건들을 정리했다. 안타깝게도 이후에 매입한 사람들은 매수세가 없는 시장에서 다달이 대출 이자를 납부하며 고통의 시간을 보내고 있다.

부동산 시장은 한 번 상승세를 타기 시작하면 가격이 거침없이 오른다. 이때는 부르는 것이 값이고, 매수하려는 사람들로 넘쳐난다. 그러다가 끝물이다 싶으면 그 많던 사람들이 시장에서 순식간에 종적을 감춰 버리고, 부동산 가격은 곤두박질친다. 이처럼 부동산 시장에는 일정한 사이클이 존재한다. 그래서 부동산 투자로 큰돈을 번 사람들도 있지만, 반대로 전 재산을 잃기도 한다. 돈은 버는 것도 중요하지만 잃지 않도록 잘 지켜야 한다는 사실을 잊어서는 안 된다.

저자는 상승과 하락을 반복하는 부동산 시장을 제대로 파악하여 안전하고 꾸준하게 투자할 수 있도록 본인의 오랜 경험에서 비롯된 투자의 정석을 아낌없이 가르쳐 준다. 투자의 방향을 확실하게 알고 수익을 미리 계산할 수 있다면 기회를 놓치지 않고 과감하게 매입하여 매도의 적기에 이를 때까지 느긋하게 기다렸다가 그 결실을 맘껏 즐길 수 있다. 이 책을 통해 하락장에서 과감하게 매입하고, 상승장에서 미련 없이 매도할 수 있는 지식과 지혜를 얻을 수 있을 것이다.

저자의 강의와 칼럼을 통해 많은 사람들이 좋은 성과를 거두고 있는 것을 볼 때, 그의 투자 실력과 전달력은 이미 검증받은 것이나 다름없다. 이제 그의 책 역시 많은 사랑을 받을 것임을 확신한다. 부동산 투자를 제대로 시작하고 싶다면, 혹은 이미 시작했지만 어렵게 느껴진다면, 이 책을 한 번 읽고 덮어 버릴 것이 아니라 자신의 것으로 만들기 바란다. '평생 이기는 부동산 투자'를 하고 싶다면 말이다.

1988년!
일찍부터 부동산에 관심을 갖게 되다

'88 서울 올림픽'으로 온 나라가 축제 분위기일 무렵, 우리 가족은 길거리로 내몰렸다. 부모님께서 운영하시던 식당 건물이 경매되면서 어떻게 손쓸겨를도 없이 갑작스레 삶의 터전을 잃고 말았고, 이후 많은 경제적 어려움을 겪게 되었다. 필자가 부동산에 남다른 관심을 갖게 된 것은 이때부터였고, 기필코 부자가 되어 다시는 이런 서러움을 겪지 않겠다고 다짐했었다.

대학교 입학 후, 부자가 되는 길이 무엇인지를 진지하게 고민하기 시작했다. 그 당시는 부동산 투자로 부자가 되었다는 사람들의 이야기가 여기저기에서 심심찮게 들려오던 시기였고, 이러한 상황과 더불어 과거의 아팠던 경험이 뒤섞이며 자연스레 '부동산'에 모든 관심과 열정을 쏟게 되었다. 학과 공부보다도 부동산에 대해 집중적으로 공부하며 도서관에 있는 투자와 관련된 책은 모조리 섭렵하였고, 강의란 강의는 모두 찾아다니며 실전 투자를 위한 준비를 차츰차츰 해나갔다.

1997년, 대학교를 졸업하고 취직을 하여 드디어 투자금을 벌게 되었고,

직장에서 월급을 받기 시작한 직후부터 필자의 본격적인 부동산 투자가 시작되었다. 가장 처음 호기롭게 시작했던 것은 '분양권 투자'였는데, 한 건에 몇 천만 원 정도 버는 것은 우스운 일처럼 큰 수익을 가져다주곤 했다. 그래서 이 당시에는 어느 정도의 투자금만 있으면 부동산 투자로 수익 내는 일은 마냥 쉬운 것인 줄로만 알았다.

하지만 이런 생각을 비웃기라도 하듯, 그 후 얼마 지나지 않아 부동산 시장의 과열을 우려한 정부의 규제가 시작되면서 기본 몇 천만 원씩 프리미엄이 형성되어 있던 분양권 시장이 순식간에 얼어붙기 시작했다. 당시 필자의 투자 방식은 그저 공인 중개사의 설명을 듣고 가격이 오를 것 같은 아파트와 분양권을 골라 사는 것이 전부였고, 갑작스러운 시장 상황의 변화에 대처할 능력이 전혀 없었기에 불황의 흐름에 그대로 휩쓸려 투자 생활에 위기를 맞을 수밖에 없었다.

상승장뿐만 아니라 하락장에서도
수익을 낼 수 있는 방법을 찾아 나서다

분양권 투자의 실패를 통해 초보 투자자 시절의 짧은 성공은 실력이 아닌 운이었음을 깨달았다. 그리고 부동산 투자로 꾸준하고 안정적인 수익을 내기 위해서는 운에 의지할 것이 아니라 오로지 본인의 실력을 길러야 한다는 사실을 절감했다.

실패를 교훈 삼아 부동산의 기초부터 다시 치열하게 공부하며 데이터를 모으기 시작했다. 우선은 현재 살고 있는 지역과 그 주변을 끊임없이 관찰하며 부동산 시세의 오르내림을 파악하고 상승과 하락의 요인을 분석했다. 꾸준히 노력한 결과, 정부의 정책에 따른 수급의 변화가 보였고, 정책으로 인한 호재에 따라 대중들의 행동이 어떻게 달라지는지 알 수 있었다. 이렇게 여러 가지 시세 변화의 패턴들이 눈에 들어오기 시작하면서 시장의 사이클과 부동산 투자에 필수적인 기본 원리를 터득하게 되었다.

'부동산 시장의 사이클'과 그에 적용되는 요인들을 이해하고부터는 정확한 투자 타이밍과 투자를 통해 얻게 될 수익을 예측할 수 있게 되었다. 무엇보다 가장 놀랍도록 달라진 점은 상승장에서만이 아니라 하락장에서도 안정적인 수익을 내는 일이 가능해졌다는 것이었다. 한마디로 부동산 투자가 쉬워진 것이다.

초보 투자자들은 어디의 어떤 부동산에 투자할 것인지를 먼저 고민하지만, 이는 일시적인 수익을 결정할 뿐이다. 어떠한 시장에서도 흔들리지 않고 꾸준히 수익을 내고 싶다면 시장의 흐름을 파악하고 다른 투자자들의 움직임을 예측할 수 있어야 한다. 상승장에서든 하락장에서든, 그 시기에 맞는 투자 방식을 적절히 활용한다면 부동산 투자로 부자가 되었다는 이야기는 더이상 남의 일만은 아니다.

투자의 기본 원리와 대중의 심리를 알면 수익은 저절로 따라온다

필자는 20년 동안 부동산 투자를 해왔고, 그동안 꾸준히 수익을 내왔다. 오랜 기간 공부하고 관찰·분석한 결과를 토대로 수많은 투자 경험을 쌓으며 부동산 시장의 체계적인 시스템과 '부동산 투자의 기본 원리'를 몸소 깨

닿게 되었다. 부동산 시장의 흐름을 바탕으로 한 부동산 투자의 기본 원리를 이해한다면 누구든지 다른 어떤 분야보다도 쉽고 안정적으로 수익을 낼 수 있는 것이 바로 부동산 투자이다.

그렇다고 부동산을 투자의 수단으로만 보아서는 안 된다. 부동산 시장은 사람들의 심리에 의해 움직이는 하나의 작은 사회이기 때문이다. 정부는 대중의 심리를 이용하여 정책을 결정하고, 그렇게 결정된 정책으로 인한 대중의 행동 변화로 부동산 시장의 흐름도 변하게 된다. 변화된 시장 안에서 대중들은 수익을 내기 위해 또다시 서로의 심리를 이용해 투자하게 되는 것이다. 따라서 모든 투자에 가장 최우선 전제가 되는 것은 사회를 구성하는 사람들의 '심리'라는 사실을 명심해야 한다.

이 책의 제목을 보고 독자들은 '정말 부동산 투자가 쉬울 수 있을까?'라고 반문할 것이다. 질문에 대한 대답은 책을 통해 충분히 전달했다. 필자가 직장 생활을 하면서도 성공적인 투자를 계속 해왔던 것처럼, 남들보다 조금만 더 관심을 가지고 노력한다면 누구든지 부동산 투자가 쉬워지는 경험을 할 수 있을 것이다.

필자가 20년 동안 분석하고 경험하며 쌓아 온 노하우를 이 책에 모두 담아내려고 무던히도 애를 썼기에, 독자 여러분이 앞으로 부동산 투자를 하는 동안 계속 소장하며 필요할 때마다 요긴하게 찾아볼 수 있는 길잡이로 삼길 기대해 본다.

목 차

1 단계 부동산 투자를 위한 기초를 다져라!

2단계 부동산 투자 쉬운 것부터 시작하라!

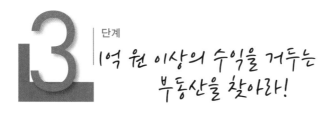

단계

3

**1억 원 이상의 수익을 거두는
부동산을 찾아라!**

단계
**상승장뿐 아니라
하락장에서도 수익을 거둬라!**

부동산 투자를 위한

기초를 다져라!

1.
가격이 상승하는
부동산을 찾자

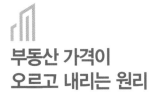

부동산 가격이
오르고 내리는 원리

처음 부동산에 관심을 가졌을 때부터 나의 관심사는 딱 두 가지였다.

부동산 가격은 왜 오르내리는 걸까?

그리고 어떻게 하면 오르는 부동산을 찾을 수 있을까?

그 답만 찾으면 쉽게 투자를 할 수 있을 것이라 생각했다. 하지만 처음에는 막연했다. 가격이 어떻게 형성되는지 잘 몰랐기 때문이다. 그런데 여러 번의 투자를 통해 성공과 실패를 경험하고 보니, 가격에 관한 것은 모두 수요와 공급이라는 간단한 원리에서부터 시작한다는 사실을 깨닫게 되었다.

$$\text{상품 가격} = \frac{\text{수요}}{\text{공급}}$$

'모든 상품의 가격은 수요와 공급의 변화에 따라 형성된다.'는 가격 결정 이론은 널리 알려진 공식인데, 부동산 가격에도 동일하게 적용된다.

1 수요와 공급의 변화가 가격을 만든다

수요가 늘어나면 가격은 상승한다

예를 들어, 어떤 지역이 각각 200세대인 A, B 두 아파트 단지(총 400세대)로 구성되어 있는데, 이 아파트의 현재 가격은 모두 1억 원이라고 가정하자. 여기서 1억 원은 지역 내 기존 수요(400세대)와 공급(400세대)에 따라 자연스럽게 형성된 가격이다.

그런데 이 지역에 대기업 공장이 들어서면서 공장 근로자 100명이 새로 집을 구하게 된다면 두 아파트의 가격은 어떻게 될까? 기존 수급 여건에 따라 1억 원이라는 적정 가격이 형성되었지만, 공급이 일정한 상황에서 신규 수요 100세대가 더 늘어나게 되면 A, B 아파트의 가격은 현재보다 더 오를 수밖에 없다. 만약 A와 B 아파트 가격이 1억 원에서 1억 5천만 원으로 상승한 경우, 이해하기 쉽게 식으로 나타내면 다음과 같다.

$$\text{가격}(\uparrow) = \frac{\text{수요}(\uparrow)}{\text{공급}} \quad \Rightarrow \quad \text{가격}(1억+5천 \uparrow) = \frac{\text{수요}(400세대+100세대 \uparrow)}{\text{공급}(400세대)}$$

공급이 감소하는 경우에도 가격은 상승한다

만약 B 아파트가 지어진지 오래되어 재건축을 하게 되었다고 해 보자. B 아파트(200세대)를 모두 철거하면 그 지역에는 A 아파트(200세대)만 남게 되므로 기존에 거래되던 400세대보다 공급량이 감소한다. 하지만 기존 B 아파트에 살던 사람들은 그대로 남아 있으므로 수요는 변함이 없다. 거주하려는 수요는 일정하나 거주할 수 있는 주택 공급량이 감소한다면 A 아파트 가격은 다시 상승할 수밖에 없다. A 아파트 가격이 1억 5천만 원에서 2억 원으로 상승하는 경우를 아래와 같은 식으로 표현할 수 있다.

$$가격(\uparrow) = \frac{수요}{공급(\downarrow)} \quad \Rightarrow \quad 가격(1.5억+5천\uparrow) = \frac{수요(400세대+100세대\uparrow)}{공급(400세대-200세대\downarrow)}$$

반대로 수요가 줄거나 공급이 늘어난다면 가격은 하락하게 되므로 이러한 곳은 당연히 피해야만 하는 투자 지역이다.

2 투자 수요가 유입되는 곳에서 큰 수익이 나온다

다른 상품과는 달리 부동산의 수요를 판단할 때는 꼭 감안해야 할 부분이 있다. 부동산은 주거 목적을 위한 '실수요'와 수익을 얻기 위한 '투자 수요'라는 두 가지 수요가 함께 존재하기 때문이다. 앞에서 본 동일한 사례를 이용해 다시 한 번 살펴보자.

각각 200세대인 A, B 두 아파트 단지가 있는 지역에 대기업 공장이 들어서면서 집을 구하려는 공장 근로자 100명의 새로운 수요(실수요)가 발생했다. 이로 인해 아파트 가격은 1억 원에서 1억 5천만 원으로 상승했다.

$$\text{가격}(\uparrow) = \frac{\text{수요}(\uparrow)}{\text{공급}} \Rightarrow \text{가격(1억+5천}\uparrow) = \frac{\text{수요(400세대+100세대}\uparrow)}{\text{공급(400세대)}}$$

| 실수요의 증가 |

대기업이 들어온 후 아파트 가격이 5천만 원 상승했다는 소식을 듣게 된 외부 투자자들은 앞으로 이 지역의 미래가 좋아질 것이라 판단하고 투자하기 시작했다. 공장 근로자의 실수요 증가와 함께 외부의 투자 수요가 추가로 유입되면서 가격은 5천만 원보다 더 높게 상승하게 된다.

$$\text{가격}(\uparrow) = \frac{\text{수요}(\uparrow)+\alpha}{\text{공급}} \Rightarrow \text{가격(1억+5천}\uparrow+\alpha) = \frac{\text{수요(400세대+100세대}\uparrow+\alpha)}{\text{공급(400세대)}}$$

| 투자 수요의 증가 |

투자 수요가 얼마나 유입될 것인지는 정확히 알 수 없다. 다만 확실한 것은 투자 수요가 유입되면 실수요 증가로 예상되는 것보다 더 높은 가격 상승이 기대된다는 점이다. 따라서 실수요 이외에도 투자 수요가 증가하는 곳에서 더 큰 수익을 얻을 수 있다는 사실을 이해하고, 이 '투자 수요의 움직임'을 반드시 기억하기 바란다.

3 부동산 투자로 수익을 내는 원리

앞에서 본 가격 결정의 기본 공식을 부동산 시장이 가진 특성을 감안하여 조금 변형한다면 다음과 같은 '부동산 가격 공식'을 만들 수 있다.

$$부동산\ 가격 = \frac{(수요)^n}{공급} \qquad n = 투자\ 수요$$

투자 수요를 'n제곱'으로 표현한 이유는 한 번 늘어나게 되면 기하급수적으로 급속히 늘어나는 속성을 가지고 있기 때문이다. 이렇게 정리한 공식을 근거로 생각해 보면, 다음과 같은 지역의 부동산을 찾아 투자하는 것이 바로 수익을 얻는 기본 원리이다.

첫 번째, 실수요가 증가하는 곳

두 번째, 공급이 감소하는 곳

세 번째, 투자 수요가 유입되는 곳

가격이 오르는 부동산을 찾기 위해
기억해야 할 '세 가지 흐름'

　그렇다면 실제 현장에서 가격이 오르는 부동산을 찾으려면 어떻게 해야 할까? 가격은 수요와 공급의 변화에 따라 움직인다는 것을 살펴보았다. 그 중에서도 수요의 변화가 가장 직접적인 영향을 미친다. 그래서 오랜 시간 부동산 시장을 관찰하면서 수요가 증가하는 원인을 찾아보았다. 역세권이나 학군이 수요에 영향을 미치고, 길이 뚫리거나 대기업이 입주하면서 수요가 증가하는 등 정말 다양한 이유가 존재했다.

　결국 필자는 수요 증가의 원인을 모두 분석하고 부동산에 투자하는 것은 거의 불가능하다는 결론에 도달했다. 오히려 우리나라 부동산 시장에서 나타나는 가장 근본적인 공통 흐름 몇 가지만 잘 이해하면 남들보다 좋은 투자 결과를 얻을 수 있다는 확신을 갖게 되었다. 기억해야 할 수요 변화의 세 가지 흐름은 다음과 같다.

　　하나, 부동산 정책은 시장의 수요를 변화시킨다.

　　　둘, 정책은 입지를 만들고, 입지는 수요를 부른다.

　　　　셋, 수요는 또 다른 수요를 부른다.

1 부동산 정책은 시장의 수요를 변화시킨다

　우리나라 부동산 시장은 정부의 정책에 많은 영향을 받는다. 정부는 경기가 나쁘면 부동산 시장 활성화를 통해 경기를 부양하고자 하고 시장이 과열되면 규제하는 '냉온탕식 부동산 정책'을 자주 펼친다.

정책의 이러한 변화는 실수요자와 투자자들의 구매 수요 심리에 큰 영향을 미치며 마찬가지로 건설사들의 주택 공급 결정에도 상당한 영향을 미친다. 이로 인해 시장의 수급이 변화하고 주택 가격이 움직이는 것이다. 다음은 과거에 정부 정책 방향에 따라 나타난 부동산 시장의 모습을 간단히 요약한 표이다.

구분	국민의 정부 (98년~02년)	참여 정부[1] (03년~07년)	이명박 정부 (08년~12년)	박근혜 정부 (13년~현재)
정부 정책 방향	규제 완화	규제 강화	부분 규제 완화[2]	규제 완화
수요 변화	수요 증가	(일시적) 수요 감소	수도권 수요 감소 지방 수요 증가	수요 증가
결과	주택 가격 상승	(일시적) 주택 가격 하락	수도권 침체 지방 주택 회복	2015년 이후 상승 추세

| 지난 20년간 부동산 정책의 흐름과 그 결과 |

*참여 정부[1]: 부동산 시장의 대세 상승기였던 당시에는 정부의 규제 강화에도 불구하고 단기적으로 영향을 받는 수준에 머물렀다.

*부분 규제 완화[2]: 당시 정부는 수도권보다는 침체가 심했던 지방 부동산 시장에 대한 규제 완화에 더 집중했다.

실제로 정부가 규제를 완화하는 부동산 활성화 정책을 펼쳤을 때에는 시장의 수요가 증가하면서 상승세를 보이고, 규제를 강화하면 수요가 감소하면서 주택 가격이 침체되는 것을 확인할 수 있다. 정부의 부동산 정책 방향에 따라 부동산 시장의 수요와 가격도 변하므로 정부의 정책에 대해 꾸준히 관심을 가져야만 오르내리는 가격 속에서 수익의 기회를 잡을 수 있다.

2 정책은 입지를 만들고, 입지는 수요를 부른다

그렇다고 정부의 정책을 무조건 부동산 활성화 또는 규제 정책으로만 나눌 필요는 없다. 정부는 국토를 균형적으로 개발하기 위해 지금까지 여러 정책을 펼쳐 왔다.

예컨대, 70년대 논밭밖에 없었던 강남 일대나 80년대 목동 신시가지, 그리고 90년대 초 분당이나 일산을 비롯한 5대 신도시의 경우도 정부의 개발 정책에 따라 지금과 같은 명성을 지니게 되었다. 이외에도 정부는 철도나 지하철 그리고 도로와 같은 사회 간접 자본을 함께 건설함으로써 전국을 유기적으로 연결하고 발전시켰다. 특정 지역의 입지가 개발되고 발전했을 때, 수요가 늘어나지 않거나 가격이 상승하지 않았던 적은 지금까지 단 한 번도 없었다.

따라서 정부의 국토 개발 계획에 대해 지속적인 관심을 가져야 한다. 정부는 앞으로도 국토의 균형적인 발전을 위해 다양한 지역을 개발할 것이고, 사회 간접 자본에 대한 투자도 지속할 것이다. 이는 우리에게 투자 기회가 계속해서 주어진다는 것을 의미한다.

3 수요는 또 다른 수요를 부른다

사람들은 불확실한 미래를 두려워하고 확신이 없는 곳에 투자하기를 꺼린다. 좋은 투자처를 찾기 위해 여기저기 신문이나 인터넷을 뒤적이지만, 힘들여서 발견한 정보가 정말 좋은 정보인지 아닌지도 불확실하다. 따라서 좋은 투자 정보를 찾는 행위를 귀찮고 고달프며 노력에 비해 소득이 없는 일이라 생각하는 경우가 상당히 많다.

이때, 마침 특정 지역에 수요가 몰리고 가격이 상승하면 사람들의 관심이 쏠리게 된다. '확실히는 모르지만 사람들이 몰려드는 것을 보니 분명 이유가 있다.'라는 생각이 드는 것이다. 무언가 있어 보일 뿐만 아니라 힘들게 정보를 찾지 않아도 되니 그 지역에 투자하는 사람들의 행렬에 쉽게 동참하게 된다. 수요가 수요를 부른다는 말이 바로 이 경우다.

이처럼 어떤 지역에 대한 수요가 늘어나면 신기하게도 관심이 없던 다른 사람들도 따라서 매수하는 현상이 나타나고 가격 또한 추가로 상승하는 경우가 많은데, 이러한 결과는 공통적으로 한 가지 원인 때문이다. '많은 사람들이 하는 것을 따라 하면 최소한 손해는 안 본다.'라는 동조 심리에 따른 행동 감염 현상이 바로 그것이다.

이 현상을 제대로 이해하는 사람과 그렇지 못한 사람들의 투자 결과는 매우 큰 차이를 보인다. 전자는 앞으로 수요가 변화할 지역을 찾는 데 집중한다. 수요가 늘면 또 다른 투자 수요가 유입되면서 가격이 더 상승한다는 사실을 알고 있기 때문이다. 그 결과 가격 상승분 전체를 고스란히 수익으로 취할 수 있다.

하지만 후자는 앞으로 수요가 증가할 곳이 아닌, 지금 수요가 많은 곳에 더 관심을 가진다. 그러다 보니 이미 오른 가격으로 매수하게 되어, 먼저 투자한 사람들과는 달리 적은 수익에 만족하거나 수익을 얻지 못하게 되는 것이다. 따라서 뒤늦은 선택으로 후회하지 않으려면 수요가 또 다른 수요를 부른다는 사실을 제대로 이해하고 '앞으로 수요가 증가할 지역'을 찾는 데 집중해야 한다.

최대한 싸게 사는 방법
– 급매물 투자

처음부터 가격이 상승할 만한 곳의 부동산을 찾아 투자한다는 것은 그리 쉽지 않은 일이다. 초보 투자자들이 수요와 공급의 움직임을 모두 이해하기가 쉽지 않기 때문이다. 이 경우, 가격이 오를 만한 부동산에 투자하는 것과 동일한 효과를 볼 수 있는 것이 바로 최대한 싸게 사는 것이다. 이를 이해하기 위해서는 시장에 존재하는 가격의 유형을 먼저 알아야 한다.

부동산 시장에는 크게 호가, 시세(시가), 급매가라고 불리는 세 가지 유형의 가격이 있다.(더 세분화를 한다면 경매 낙찰가도 포함되겠지만 이는 특수한 경우이므로 예외로 한다.) 이 가격은 일반적으로 호가 〉 시세 〉 급매가 순서로 낮아진다.

'호가'는 매도인이 집을 팔기 위해 내놓은 가격으로 보통 실제 거래되는 금액보다 조금 더 비싸다. 어찌 보면, 나중에 매수인이 깎을 것을 염두에 두고 부르는 가격이기도 하다.

'시세(시가)'는 해당 지역에서 매도인과 매수인의 자발적인 거래로 형성된 가격이다. 실제 거래된 가격은 국토 교통부의 '실거래가 공개 시스템'(http://rt.molit.go.kr)을 통해 확인할 수 있다.

마지막으로 '급매가'는 매도인이 급한 사정으로 빨리 처분하기 위해 시세보다 더 낮게 시장에 내놓은 가격이고, 이렇게 나온 물건이 '급매물'이다. 보통 이민, 결혼 또는 세금 관련 문제로 나오는 경우가 많다. 이 급매물을 구입하는 것이 바로 최대한 싸게 사는 방법이다.

1 급매물 투자로 위험은 줄이고 수익은 높인다

수요와 공급의 변화 요인이 너무 다양하기 때문에 초보 투자자가 모든 변화 요인을 파악하고 가격 상승이 예측되는 투자처를 찾는 일은 쉽지 않다고 앞서 언급했다. 하지만 시세보다 더 싸게 구입할 수 있다면 투자에 따르는 위험을 크게 줄일 수 있을 뿐 아니라 더 높은 수익을 얻을 수 있다.

예를 들어, 시세보다 1천만 원 저렴한 급매물을 산다고 가정해 보자. 이러한 경우에는 구입하는 시점부터 시세에 사는 사람에 비해 1천만 원의 이득이 발생한다. 만약 시장 가격이 상승하는 시기라면 매수하면서 발생한 1천만 원의 이득 이외에도 시세보다 추가로 상승하는 만큼의 차익을 기대할 수 있다. 반대로 시장이 하락 추세라면 1천만 원 싸게 매입한 만큼 가격 하락분의 일부를 상쇄할 수 있어 상대적으로 안정적인 투자가 가능하다.

부동산의 특성상, 과학적이고 객관적인 자료를 통해 앞으로 가격이 상승할 부동산을 찾는 것이 쉽지 않은 만큼 '정확한 시세 파악'을 통해서 우량한 부동산을 싸게 매입할 수 있어야 한다. 급매물 투자는 초보 투자자가 상대적으로 안전하게 내 재산을 지키면서 투자 수익을 기대할 수 있는 좋은 방법이다.

2 급매물이 출현하는 시기를 노려라

평상시 급매물 찾기

가장 쉬운 방법은 비수기를 노리는 것이다. 계절적으로 휴가철인 8월과 겨울인 11월에서 1월 사이가 비수기인데, 이 시점에 나오는 매물은 가격대가 낮으며 흥정을 통해 그 가격보다도 더 싸게 구입할 수 있는 경우가 많다.

급매물은 자금 운용의 어려움이나 상속과 같은 매도인의 개인적 사정에 의해 나오거나, 현지 시세를 정확히 모르는 해외 거주자나 지방 투자자가 물건을 내놓는 경우에 나오기도 한다. 또한 신규 택지 지구의 입주 시기에 물량이 한꺼번에 쏟아지는 경우와 분양권 시장에서 전매 제한이 풀리는 시기에도 급매물이 자주 나타난다.

필자는 이 중에서도 신규 택지 지구*의 입주 시점을 자주 활용했다. 이유는 간단하다. 개발 초기이므로 인프라**가 상당히 열악할 수밖에 없고, 그 상태만을 본 일반인들은 구입을 꺼린다. 하지만 택지 지구의 인프라는 시간이 흐르면 자연적으로 갖춰질 수밖에 없기 때문에 '앞으로 수요가 변화할 곳'을 찾는 필자에게는 아주 안성맞춤인 투자 대상이었다. 이에 대한 실제 투자 사례는 뒤에서 다시 이야기하겠다.

| **고양 삼송 지구의 변화**(출처: 네이버 거리뷰) |

※왼쪽 사진은 2013년이고, 오른쪽은 1년이 지난 2014년의 모습이다. 시간이 경과하면서 택지 지구의 인프라는 자연히 채워지게 되므로 수요는 점점 증가할 수밖에 없다.

---

* **택지 지구**
도시 지역의 시급한 주택난을 해소해 서민의 주거 생활 안정을 기하기 위하여 도시와 그 주변에 집 지을 땅을 집단적으로 개발하는 지역

** **인프라**
도로, 철도, 통신 시설과 같은 산업 기반과 학교, 병원, 상·하수 처리 따위의 생활기반을 형성하는 중요한 구조물

정부 정책이 규제로 전환되는 경우

정부의 부동산 관련 규제 정책으로 시장이 얼어붙는 시점에도 급매물이 자주 출현한다. 정부 정책에 놀란 사람들이 매물을 쏟아내기 때문이다. 실제로 많은 투자자들이 이 시점에 급매물 투자에 나선다.

하지만 이때는 한 박자 더 지켜본 후 투자하는 것이 좋다. 왜냐하면 정부가 규제 정책을 내세울 때 시장의 흐름이 하락세로 돌아서는 경우가 상당히 많기 때문이다. 현재 아무리 낮은 가격의 급매물에 투자하더라도 가격 하락이 지속되는 상황에서는 비싼 가격으로 구입한 것과 같은 결과가 종종 나타난다. 따라서 정부가 규제 정책으로 돌아섰을 때는 하락 추세가 이어지는지 먼저 확인하고, 규제로 인한 불이익을 받는 사람을 구제하기 위해서 한시적으로 적용하는 유예 기간(특히 세금 관련 유예가 많다.)의 종료 시기를 이용하는 편이 훨씬 더 좋다.

예를 들면, 과거에 정부가 다주택자에게 높은 비율의 양도세를 부과했을 때, 타 지역으로 이사를 하거나 분양을 받아 일시적 2주택자가 된 사람들에게는 기존 주택을 처분할 수 있는 유예 기간을 두었다. 마찬가지로 정부가 종합 부동산세를 신규 부과했을 때도 즉시 시행하는 것이 아니라 그 시기를 사전에 예고하고 기존 주택을 처분할 수 있도록 했다.

이렇게 유예 기간이 종료되기 직전에는 매물이 늘어날 수밖에 없다. 이 시점에는 정부의 규제로 인해 가격이 하락하는 데다 급히 팔아야 하는 매도인의 사정이 함께 맞물리면서 가격을 더욱 낮춰 매입할 수 있는 기회가 생긴다. 어차피 부동산 정책은 규제와 완화가 반복된다. 추후 완화 시점이 도래하면 싸게 구입한 만큼 가격 상승분을 고스란히 수익으로 챙길 수 있으므로 매우 유용한 투자 방법이다.

사고자 하는 급매물의 목표 가격 정하기

먼저 관심 지역의 분위기가 오르는 추세인지, 하락하는 추세인지 아니면 보합세인지 확인하는 것이 매우 중요하다. "대략 시세보다 2～3천만 원 정도 저렴하게 나온 것이 급매물이다."라고 법으로 정해진 것이 아닌 만큼, 시장의 흐름을 파악해야만 내가 목표로 하는 급매물의 구입 가격을 유연하게 결정하고 수익을 얻을 수 있기 때문이다.

이를 위해서는 중개업소에 방문하기 전에 인터넷을 통해서 과거와 현재의 매물 가격, 그리고 국토 교통부의 실거래 내역을 조사하여 해당 지역의 시세를 정확히 파악하는 습관을 들여야 한다. 예전에는 '부동산 뱅크'나 '부동산 114'와 같은 부동산 전문 사이트에 올라온 호가를 통해 시장의 분위기를 파악할 수 있었으나, 최근에는 '네이버'가 상당한 강세를 보이고 있다.

수도권과는 달리 지방의 소규모 단지의 경우에는 네이버에서 확인이 불가능한 곳도 있다. 이런 지역은 인터넷 '벼룩시장'이나 '교차로'와 같은 정보지를 통해 시세를 확인할 수 있다. 단, 지방마다 선호하거나 많이 이용되는 정보지들이 조금씩 다르므로 사전에 미리 알아두면 좋다.

공인 중개사와 네트워크 만들기

초보 투자자라면 인터넷을 통해 시세를 어느 정도 파악한 후, 여러 공인 중개업소를 돌아다니면서 시장 분위기를 익힐 필요가 있다. 하지만 그보다 더 중요한 것은 공인 중개사에게 매수하겠다는 확실한 의사를 표시하는 것이다. 중개사의 입장에서는 계약을 성사시키는 것이 최우선이므로 확실하게 매수 의사를 보이는 사람에게 적극적으로 나설 수밖에 없다. 이러한 과정을 통해 중개사와 인적 네트워크가 형성된다면 더 많은 정보와 기회를 얻게 될 것이다.

또한, 싸고 좋은 물건이라 판단되면 과감하고 빠른 결정을 내려야 한다. 처음에는 쉽게 결정하지 못하고 고민하느라 시간이 오래 걸릴 수 있다. 하지만 급매물을 노리는 사람은 많다. 거래를 성사시키는 것이 목적인 중개사는 머뭇거리는 당신이 아닌 다른 사람에게 다시 소개할 수밖에 없고, 결과적으로는 그 매물을 발 빠른 투자자에게 빼앗기게 될 것이다.

싸게 나온 이유 확인하기

세상에 공짜는 없다. 시세보다 현저히 싸게 나왔다면 분명한 이유가 있는 것이다. 이해할 만한 이유를 그럴싸하게 내세우는 말만 듣고 쉽게 판단해서는 안 된다. 과감하고 신속한 결정도 중요하지만, 그 이전에 싸게 나온 '진짜 이유'를 반드시 확인해야 한다.

최소한 등기부 등본을 통해 가등기나 압류 등의 '권리관계'를 확인하고, 누수와 같은 '물건 자체의 하자'는 없는지도 살펴봐야 한다. 매도인의 드러내기 어려운 불미스런 일로 인해 급하게 매물이 나오는 경우도 있고, 주변에 혐오 시설이 들어서는 등 다양한 상황들이 존재한다. 따라서 나중에 낭패를 보는 일이 없도록 급매물의 가격과 싸게 나온 이유를 잘 알아보고 저울질한 뒤 투자를 결정해야 한다.

지난겨울에 필자는 잘 아는 중개업소로부터 시세보다 가격이 싸게 나온 소형 아파트가 있다는 연락을 받고 즉시 방문 약속을 잡았다. 최근에는 소형 아파트를 선호하는 추세여서 가격이 저렴한 물건을 찾기가 쉽지 않았는데, 중개업소 사장님을 통해 그 집에 급한 사정이 있다는 것을 알 수 있었다.

소유주였던 할머니가 돌아가시고, 두 아들 중 첫째는 일단 상속받은 후 보유하다가 천천히 해결하길 원했고, 둘째는 자신의 상속분을 곧바로 현금화하길 원했다. 이 과정에서 다툼이 일어나 감정이 상할 대로 상한 두 아들은 결국 빨리 정리하고 각자 제 갈 길을 가기 위해 시세보다 저렴하게 매물을 내놓을 수밖에 없었던 것이다.

필자는 이미 이 지역의 시세를 잘 알고 있었기 때문에 집 상태나 권리관계에 큰 문제가 없다면 충분히 수익이 날 거라 판단했다. 쉽게 나오지 않는 저렴한 매물이라 머뭇거리다가는 다른 발 빠른 투자자에게 넘어갈 가능성이 컸기에 중개업소 사장님에게 특별한 하자만 없으면 곧바로 매수하겠다는 의사를 표시했다. 다행히 집 상태도 양호하고 권리관계 역시 아무 문제가 없어서 즉시 매입했고, 현재는 전세로 임대하고 있다. 시세보다 낮은 가격에 매입했을 뿐 아니라 몇 년 후에는 시세 상승도 기대할 수 있어서 적절한 시기에 매도한다면 상당한 수익을 안겨 줄 것이다.

필자의 사례처럼, 공인 중개소와 좋은 관계를 유지하면서 언제든지 급매물을 매입할 수 있다는 의사를 피력해 두면 높은 수익을 얻을 수 있는 절호의 투자 기회가 반드시 올 것이다. 물론 주변 시세를 정확히 파악하고 있어야 급매물의 진위를 빠르게 가려낼 수 있고, 가격이 싼 진짜 이유가 무엇인지 꼭 확인할 필요가 있다는 것을 기억하기 바란다.

급매물 투자 포인트

① 급매물 출현 시기 노리기
 – 비수기 (8월, 11월~1월)
 – 신규 택지 지구 입주 시점
 – 정부의 부동산 관련 정책이 규제로 전환되는 시점
② 관심 지역의 시세 정확하게 파악하기
 – 중개업소 방문 전 인터넷을 통한 시세 파악
 – 중개업소를 통한 시세 및 시장 분위기 파악
③ 공인 중개사와 인적 네트워크 형성하기
④ 권리관계 및 물건 자체의 하자 여부 검토하기
⑤ 저렴하고 좋은 물건이라면 과감하고 빠른 결정 내리기

2.
정확한 시세 파악이
먼저다

시세를 파악하고 비교하는
여러 가지 방법

일반적으로 아파트와 오피스텔의 시세를 확인할 때는 국민은행에서 제공하는 'KB 시세'를 활용한다. KB 시세는 국민은행과 협약을 체결한 공인중개업소에서 제공하는 시세 정보가 적용되는데, 반영되기까지 일정 시차가 존재하다 보니 실제 거래되는 시세와는 다소 차이가 있을 수 있다. 따라서 정확한 시세를 확인하기 위해서는 KB 시세를 그대로 받아들일 것이 아니라 약간의 검증 과정을 거쳐야 한다.

앞에서는 시세 파악의 중요성에 대해 충분히 이야기했다. 지금부터는 필자가 제대로 된 시세 파악을 위해 어떻게 하는지, 그리고 조사한 시세를 어떻게 투자에 활용하는지를 이해하기 쉽게 설명하려고 한다.

1 포털 사이트에서 매물 가격 찾아보기

　특정 지역의 부동산 시세는 포털 사이트나 부동산 정보 업체에서 제공하는 실제 매물의 가격을 통해 확인할 수 있다. 최근에는 'NAVER 부동산'(http://land.naver.com)이 양적으로나 질적인 측면에서 강세를 보이고 있으므로 이 사이트를 많이 활용한다. 네이버 부동산의 상단 메뉴에서 '매물'을 클릭하고, 매물의 종류, 지역, 단지 등을 설정하면 된다. 다음은 '고양시 행신동'의 '부영 9단지'를 조회한 내용이다.(2016. 3. 1.)

| NAVER 부동산 시세 조회 |

　면적이나 가격 등 필요에 따라 검색 순서의 선택을 달리할 수 있다. 그림은 가장 최근에 올라온 물건의 순서로 나열되는 '확인 매물 일자순'을 선택하고, '공급면적 61㎡'를 대상으로 조회한 결과이다. 조회 일자 기준으로 61㎡의 부영 아파트는 최저 1억 6,800만 원에서 최고 1억 8,000만 원대

까지, 주로 1억 7,000만 원대 중반의 가격으로 시세가 형성되어 있는 것을 알 수 있다.

2 KB 시세 조회하기

다음은 인터넷에서 'KB 부동산 시세'를 검색하거나 'KB 부동산'(http://nland.kbstar.com)에 직접 접속하여 '시세'를 클릭한다. 그리고 바로 전에 살펴본 '고양시 행신동'의 '부영 9단지'를 조회해 보자.

면적㎡	매매가			전세가			월세가	
	하위평균가	일반평균가	상위평균가	하위평균가	일반평균가	상위평균가	보증금	월세
59.5	16,500	18,000	18,500	16,000	16,500	17,000	2,000	50~60

면적별시세 시세경산일 2016.02.26 (단위 만원)

실거래가조회 ☑   과거시세조회 ☑   대출가능금액조회 ☑   시세조정요청 ☑

| KB 부동산 현재 시세 |

KB 시세(조회 일자 기준 현재)는 최저 1억 6,500만 원에서 최고 1억 8,500만 원으로 형성되어 있다. 실제 네이버 매물 가격과 비교해 보면 KB 시세가 약 500만 원 이상 더 높은 것으로 보인다. 앞에서 말한 바와 같이 KB 시세는 일정한 시차를 두고 반영되기 때문에 실제 매물 가격보다 높거나 낮게 나타날 수 있다.

하지만 이렇게 가격 차이가 발생한다는 이유로 KB 시세를 무시해서는 안 된다. 아파트 또는 오피스텔을 사거나 전세 입주를 위해 대출을 받아야할 때, 바로 이 KB 시세를 기준으로 대출 가능 금액(KB 일반 평균가의 70%이내)이 결정되기 때문이다. 사실 대출을 받지 않고 본인이 가진 돈으로만부동산을 구입하는 사람은 많지 않다. 특히 투자가 목적인 경우에는 더욱 그러하다. 활용할 수 있는 종잣돈에 대출 가능 금액을 더했을 때 무리가 가지 않는 선에서 매입할 수 있는지, 또는 이자에 대한 부담이 크지 않은지를 판단하기 위해서는 반드시 KB 시세를 확인해야 한다.

다음으로는 행신동 부영 9단지의 시세가 과거부터 지금까지 어떻게 변해 왔는지 살펴볼 필요가 있다. 바로 앞의 그림 하단에 보이는 '과거 시세 조회'를 클릭하면 다음과 같은 그래프와 과거 시세표가 나타난다.

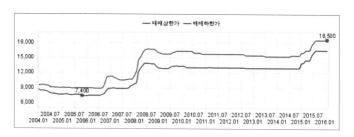

| KB 부동산 과거 시세 |

그래프를 보면 이 아파트가 과거 보합세를 보이다가 최근 1년간 급격히 상승했고 현재는 조금 주춤한 상태임을 알 수 있다. 이와 같이 현재 시세뿐 아니라 과거 시세를 확인해야 하는 이유는 부동산 시장의 분위기가 상승세인지 하락세인지를 파악하여 매물의 적정 가격을 산출하고 투자 시기를 결정하는 데 도움이 되기 때문이다.

3 실거래가 조회하기

이번에는 실거래가를 조회해 보자. KB 시세에서 '과거 시세 조회' 왼쪽에 있는 '실거래가 조회'를 클릭하거나 국토 교통부의 '실거래가 공개 시스템'을 이용하여 최근 실거래가 내역을 확인할 수 있다.(국토 교통부는 아파트와 오피스텔 이외에도 연립/다세대, 단독/다가구, 토지 등 다양한 부동산의 실거래가를 제공하고 있다.)

단위 : 만원

계약일	거래금액	층수
2016.01.21~31	18,000	9
2016.01.11~20	17,600	5
2016.01.11~20	17,800	14
2015.12.21~31	17,400	4
2015.12.21~31	18,500	10
2015.12.21~31	18,400	10
2015.12.11~20	17,200	2
2015.12.11~20	17,400	6
2015.12.11~20	16,300	1
2015.12.11~20	18,100	9
2015.11.21~30	17,800	5
2015.11.21~30	18,300	13
2015.11.11~20	17,000	2
2015.11.11~20	17,000	15
2015.11.01~10	18,200	11

| KB 부동산 실거래가 조회 |

현재 1 ~ 2층을 제외하고는 대부분 1억 7,000만 원대 중반에서 1억 8,000만 원대 사이에서 거래가 되는 추세이며, 네이버 부동산에서 확인한 시세와 거의 동일한 것으로 보인다. 그리고 2015년 12월을 고점으로 현재는 주춤하고 있는 모습이다.

가격의 추세를 파악하게 되면 다양한 매수 전략을 구사할 수 있다. 적정 구입 가격을 산출할 때, 만약 상승 추세라면 조금 더 높은 가격으로 매입해도 투자 목적을 달성할 수 있으며, 반대로 하락 추세인 경우에는 훨씬 더 낮은 가격으로 사는 것이 유리하다. 그리고 사례의 아파트처럼 가격이 상승하다가 주춤하는 상태라면 상대방과의 협의를 통해 더 낮은 가격대로의 조정을 시도해 볼 수 있다. 투자자라면 이런 식으로 과거 시세의 흐름과 현재 실제로 나온 매물의 호가를 분석해서 앞으로 거래가 성사될 만한 가격을 직접 산정해 보는 것이 상당히 중요하다.

4 중개업소를 통한 최종 시세 확인하기

인터넷을 통해 기본적인 시세와 분위기를 파악한 다음에는 부동산 중개업소에 전화하거나 직접 방문하여 게시된 매물의 정확한 시세를 확인해야 한다. 업소 간 경쟁이 치열해지면서 허위 미끼 매물이나 중복 매물 등을 올리는 사례가 많아 인터넷만으로는 확실한 시세를 판단하는 것이 쉽지 않기 때문이다. 또한 매도인과 매수인이 처한 입장과 원하는 가격이 다르고, 실제로 부딪쳐야만 알 수 있는 미묘한 상황이나 지역 분위기가 있을 수 있다.

따라서 인터넷으로 실제 매물의 호가, KB 시세, 실거래가 등을 조회하여 기본 시세와 분위기를 먼저 살펴본 다음, 최종적으로는 중개업소 방문을 통해 사전에 파악한 내용이 정확한지를 판단하고 적절한 매물을 찾아야 할 것이다.

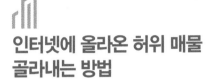

인터넷에 올라온 허위 매물
골라내는 방법

과거와는 달리 요즘은 직접 현장에 방문하기 전에 미리 인터넷을 통해 매물을 확인하는 경우가 많아졌다. 일일이 돌아다녀야 하는 번거로움을 덜 수 있다는 장점이 있지만, 이를 악용한 경우나 혹은 구조적인 이유로 실제 매물과 인터넷에 올라온 정보가 불일치하는 사례도 적지 않다. 처음 부동산을 구입하거나 전세를 구하려는 사람들은 이러한 허위 매물 정보로 인해 종종 낭패를 겪는다. 따라서 허위 매물의 발생 이유와 허위 매물을 골라내는 방법을 알아 둘 필요가 있다.

1 허위 매물이 발생하는 이유

악의적으로 올리는 허위 매물

인터넷이나 스마트폰의 앱을 통한 매물 정보 제공의 비중이 점점 커지면서 고객이 중개업소로 바로 방문하는 일은 줄고 있다. 부동산을 매입하는 데 드는 비용이 매우 크므로 매물을 구하는 사람의 입장에서는 좀 더 싸고 좋은 물건을 찾는 것을 우선으로 검색하게 된다. 중개업소는 방문한 고객에게 다양한 물건을 소개하고 거래를 성사시키는 것이 목적이다. 따라서 싼 것에 관심이 많은 매수인의 심리를 이용하여 일단은 그들의 방문을 유도할 필요가 있다. 이때 고객을 유혹하기 위한 미끼로 허위 매물을 올리는 것이다.

이렇게 허위 매물을 보고 방문한 고객에게는 방금 그 매물이 계약되어 다른 물건을 소개해 주겠다는 식으로 응대한다. 그리고 여러 매물 중에서 좋지 않은 물건을 먼저 보여주면서 기대치를 낮추고 난 다음, 점차 좋은 물건을 보여줌으로써 시각적인 착시를 유도하기도 한다. 그렇게 되면 중개업소의 의도대로 나중에 본, 좀 더 비싼 가격대 물건의 계약서에 도장을 찍을 가능성이 크다.

구조적으로 발생하는 허위 매물

모든 허위 매물에 대한 책임이 부동산 중개업소에만 있는 것은 아니고, 구조적으로 발생할 수밖에 없는 경우도 있다. 만약 아파트 처분이 급한 매도인이라면 한 중개업소에만 내놓는 경우는 거의 없다. 아마도 적게는 두세 군데, 많게는 열 군데 이상 내놓게 될 것이다. 의뢰받은 중개업소들은 네이버 부동산이나 다음 부동산, 그리고 부동산 114 등과 같은 전문 사이트에 매물을 올리게 된다. 실제 1개의 매물을 많게는 10개의 부동산에서 각자 광고하게 되고, 결국에는 10개의 매물이 나온 것 같은 착각을 불러일으키는 것이다.

그리고 같은 물건을 의뢰받은 중개사들은 그 매물들이 동일한 물건이라는 사실을 당연히 알게 된다. 이때, 광고를 올리는 목적이 고객을 끌어들이기 위한 것인 만큼 다른 업소보다 빨리 그 계약을 성사시키려고 매도인이 내놓은 것보다 조금 낮은 가격으로 매물을 올리는 경우가 있다.

예를 들어, 매도인이 원하는 가격이 1억 5,000만 원이고, 다른 중개업소들은 모두 그 가격에 광고를 했다. 그런데 한 업소만이 조금 낮게 1억 4,800만 원 또는 1억 4,900만 원으로 매물을 올린다면, 물건을 사려는 입장에서는 조금이라도 싸게 나와 있는 곳으로 관심이 갈 수밖에 없다. 중개인은 협상을 통해 매도인이 내놓은 가격에서 일부 조정이 가능할 것으로 예상하고 미리 낮은 가격을 적용해 고객을 유도하는 것이다.

2 허위 매물에 속지 않는 방법

허위 매물을 악의적으로 올리는 사람들은 비난받아 마땅하지만 법적인
제재를 가하기 어렵고, 구조적으로 발생하기도 하므로 이러한 매물은 앞
으로도 없어지지는 않을 것이다. 하지만 몇 가지 원칙을 가지고 확인한다
면 허위 매물에 쉽게 걸려들지 않을 수 있다.

가격이 너무 낮은 매물은 의심하라

주변 시세보다 현저하게 가격이 낮은 매물이라면 가장 먼저 진짜 매물
인지 허위 매물인지를 파악할 필요가 있다. 특별한 사정으로 아주 낮은 가
격에 나오는 진짜 물건은 그리 흔치 않기 때문이다. 다음 그림을 보면 저
층이긴 하지만 유독 저렴하게 나온 매물이 보인다.

거래	확인일자	매물명	82 동	층	매물가(만원)	연락처
매매	확인매물 16.03.04.	푸른2단지현대 확장, 올수리된 정남향의 깨끗한 급매물...	82A/59 205동	8/13	31,000 매경부동산	활실공인중개... 02-2066-8944
매매	확인매물 16.03.03.	푸른2단지현대 깨끗한 계단형입니다.	82A/59 201동	6/15	32,000 맨컬즈	동일하이빌공... 02-2625-8944
매매	확인매물 16.03.03.	푸른2단지현대 씽크교체등 내부상태아주깨끗 입주협의	82A/59 205동	5/13	32,500 부동산써브	오대양공인중... 02-2616-4333
매매	확인매물 16.02.29.	푸른2단지현대 화장실,씽크대교체,올수리된 계단식,정상...	82A/59 205동	7/13	31,300 매경부동산	활실공인중개... 02-2066-8944
매매	확인매물 16.02.29.	푸른2단지현대 남향,집상태좋음,빠른입주가능	82B/59 203동	4/14	27,000 부동산써브	한살텀공인중... 02-2618-8945

만약 매도인의 사정이 급해서 나온 물건이라면 빨리 팔기 위해 여러 중

개업소에 내놓았을 것이고, 중개사 입장에서 싼 물건은 거래를 성사시키기 쉬우므로 즉시 매물을 등록했을 가능성이 높다. 확인을 위해 좀 더 검색해 본다.

가격순으로 조회를 해 보니 3개의 매물이 중개업소만 다르고, 동과 층이 모두 같은 아파트이며 가격도 동일한 것을 알 수 있다. 이 정도라면 거의 실제 매물일 가능성이 높다.

거래가 완료되었는지 확인하라

하지만 이렇게 저렴한 매물이라면 이미 거래가 완료되었을 수도 있다. 계약이 끝난 중개업소에서 곧바로 거래 완료라고 등록하거나 다른 중개사들에게 통보하는 것도 아니기 때문에 그대로 매물로 남아 있는 경우가 많다. 다른 중개업소에서는 거래 사실을 모르고 있다가, 그 매물에 관심을 가진 고객이 문의하면 의뢰인에게 거래 여부를 확인해 보고서야 알게 되는 것이다. 이 경우에도 의도하지는 않았지만 허위 매물이 된다. 따라서 방문하기 전에 먼저 전화로 해당 물건의 거래 여부를 확인해 보는 것이 좋다.

처음부터 의사 표현을 확실히 하라

마음에 드는 매물을 발견하고 전화로 문의를 하게 되면 간혹 매물이 있으니 무조건 방문하라고 하거나 연락처를 받는 데 집중하는 중개사가 있다. 만약 의심이 간다면 다른 중개업소에도 문의해 본다.

또한 허위 매물인지 아닌지 확실히 알고 싶다면 처음부터 다른 매물은 관심이 없다고 본인의 의사를 명확하게 밝히고, 해당 매물을 직접 볼 수 있는 시간과 같은 구체적인 질문을 하면 된다. 중개업소는 고객이 방문하도록 하여 매물을 소개하는 것이 목적인데, 고객이 입장을 분명히 밝힌 상태에서는 허위 매물을 미끼로 다른 물건을 소개할 수 없으므로 적극적으로 응대하지 않을 것이다.

그러나 단지 그 물건에만 관심이 있다면 모르지만, 투자자의 입장이라면 매물의 진위 여부를 하나하나 밝히는 데 연연하기보다는 그 지역의 시세나 분위기를 파악하는 차원에서 접근하기를 바란다.

3.
성공적인 아파트 투자를 위해
기본 상식을 갖추자

아파트와 아파텔 면적
제대로 알기

아파트 투자는 가장 기본적인 부동산 투자 방법 중 하나다. 특히 오랜 침체에 빠졌던 아파트 분양 시장이 2015년부터 조금씩 살아나면서 모델하우스에 방문하는 고객이 급증했다. 그런데 아직도 전용 면적, 공급 면적 등의 아파트 면적이나 구조에 대한 용어를 혼동하는 사람이 많다. 그러다 보니 모델하우스의 분양 상담사가 이런 점을 이용해 자세한 내용을 설명하지 않고 얼렁뚱땅 넘어가는 사례도 종종 있다.

하지만 한 채에 몇 억 원이나 하는 큰 비용을 지불하면서 그 대상을 나타내는 용어들의 정확한 정의를 모른다면 이는 투자자로서는 빵점에 가깝다. 먼저 아파트를 구성하는 여러 가지 면적에 대해 자세히 알아보자.

| 아파트 면적(출처: 닥터 아파트) |

전용 면적

'전용 면적'은 아파트와 같은 공동 주택에서 거주자가 독점적으로 사용할 수 있는 방, 거실, 주방, 화장실과 같은 공간의 넓이를 말한다. 쉽게 말해서, 현관문을 열고 들어가서 보이는 공간 전체를 전용 면적이라고 생각하면 된다.(단, 여기서 발코니 공간은 제외된다.)

가장 널리 알려져 있는 전용 면적은 크게 두 가지로 59 m^2와 85 m^2가 있다. 59 m^2는 과거 23 ~ 26평이라고 불리던 평형의 전용 면적이고, 85 m^2는 32 ~ 35평을 가리키던 평형의 전용 면적으로 이해하면 된다. 정확하게 계산해 보면, 59 m^2는 약 17.8평(= 59 × 0.3025)이고, 85 m^2는 약 25.7평(= 85 ×

0.3025)이다.(수도권과 도시 지역에서는 주거 전용 면적 $85m^2$ 이하를 '국민 주택 규모'라고 하는데, 다양한 혜택과 장점이 있다.) 제곱미터를 평형으로, 평형을 제곱미터로 환산하는 방법은 다음을 참고하기 바란다.

1㎡ = 0.3025평 / 1평 = 3.3058㎡

예) 제곱미터를 평형으로
   85㎡ = 85 × 0.3025 = 약 25.7평
   85㎡ = 85 ÷ 3.3058 = 약 25.7평

예) 평형을 제곱미터로
   25.7평 = 25.7 ÷ 0.3025 = 약 85㎡
   25.7평 = 25.7 × 3.3058 = 약 85㎡

| 평형 계산법 |

공용 면적

'공용 면적'은 크게 '주거 공용 면적'과 '기타 공용 면적' 두 가지로 나뉜다. '주거 공용 면적'은 아파트 한 동에서 다른 세대와 함께 사용하는 공간, 즉 계단이나 복도 및 엘리베이터, 공동 현관의 면적을 말하며, '기타 공용 면적'은 단지 내 전체 세대가 공동으로 사용하는 공간인 주차장, 관리 사무소, 노인정 등의 면적을 의미한다.

서비스 면적

말 그대로 서비스로 주는 공간인 베란다, 발코니의 넓이가 이에 해당되며, 공급 계약서에도 표기되지 않는 면적이다.

공급 면적(분양 면적)

앞에서 말한 전용 면적과 주거 공용 면적을 합하여 '공급 면적'이라고 하는데, 모델 하우스나 분양 사무소에 방문했을 때 가장 자주 듣는 말이다. 보통 몇 평형이라고 표현하며, 아파트의 경우에는 '분양 면적'이라고 말하기도 한다.

예를 들어, 분양 아파트가 전용 면적 $85\,m^2$, 주거 공용 면적이 $30\,m^2$라면 공급 면적은 총 $115\,m^2$이고, 평형으로 환산하면 약 35평형(= 115 × 0.3025)이 된다.

계약 면적

'계약 면적'은 공급 면적(전용 면적 + 주거 공용 면적)과 기타 공용 면적을 합한 것이다. 그동안 아파트를 분양받을 때는 계약 면적을 크게 신경 쓸 필요가 없었다. 하지만 최근 '아파텔'*이라 불리는 주거 형태가 늘면서 계약 면적을 알아야 할 필요성이 커졌다. 아파트는 '주택법'의 분양 면적(공급 면적)을, 오피스텔은 '건축법'의 분양 면적(계약 면적)을 적용받기 때문이다.

아파트 분양 면적(공급 면적)
= 전용 면적 + 주거 공용 면적

아파텔 분양 면적(계약 면적)
= 공급 면적(전용 면적 + 주거 공용 면적) + 기타 공용 면적

| 아파트와 아파텔(오피스텔)의 분양 면적 비교 |

따라서 같은 분양 면적이라고 할 때, 기타 공용 면적이 빠지는 아파트가

---

* **아파텔**
아파트와 오피스텔의 합성어로 주거용 오피스텔을 말하며, 건축법상 오피스텔

아파텔보다 더 넓다. 예를 들어, 분양받은 34평 아파트의 전용 면적이 25.7 평이라면 전용률(분양 면적 대비 전용 면적의 비율)은 약 75%이다. 그런데 아파텔은 기타 공용 면적을 포함한 계약 면적을 기준으로 산정하기 때문에 같은 분양 평수라도 전용 면적이 좁아 전용률이 더 낮을 수밖에 없는 것이다.(상가도 오피스텔과 동일하다.)

$$\text{아파트 전용률} = \frac{\text{전용 면적}}{\text{전용 면적 + 주거 공용 면적}} \times 100$$

$$\text{아파텔 전용률} = \frac{\text{전용 면적}}{\text{전용 면적 + 주거 공용 면적+ 기타 공용 면적}} \times 100$$

| 아파트와 아파텔(오피스텔)의 전용률 비교 |

그리고 아파트의 평당 분양가는 '공급 면적'으로 계산하지만, 오피스텔, 상가는 평당 분양가를 '기타 공용 면적'이 포함된 '계약 면적'을 기준으로 계산한다. 간혹 아파텔 분양 현장에서 상담사들이 주변의 아파트와 비교하면서 평당 분양가가 더 싸다고 말하는 경우가 있는데, 이는 틀린 말이니 주의해야 한다.

구 분			세부 내용
계약 면적	공급 면적	전용 면적	소유자가 독점적으로 사용하는 공간 (방, 거실, 주방, 화장실 등)
		주거 공용 면적	아파트 한 동에서 다른 세대와 함께 사용하는 공간 (계단이나 복도 및 엘리베이터, 공동 현관 등)
	기타 공용 면적		단지 내 전체 세대가 공동으로 사용하는 공간 (주차장, 관리 사무소, 노인정 등)
서비스 면적			서비스로 주는 공간(베란다, 발코니)

| 공동 주택의 여러 가지 면적 |

2 안목 치수

'안목 치수'는 공동 주택 면적을 산정할 때에 벽체 두께를 뺀 실제 너비를 말하는데, 실내에서 눈으로 보이는 벽과 벽 사이의 거리를 잰 것이다. 현재 '주택법'의 적용을 받는 아파트는 방, 거실, 주방, 화장실 등의 실내 면적을 더한 전용 면적을 측정할 때 안목 치수를 쓰고 있다.

1998년 8월 '주택 건설 촉진법 시행 규칙'이 개정되면서 모든 신규 분양 아파트에 적용이 되었고, 2000년대 초반부터 '안목 치수를 적용해 전용 면적이 더 넓다.'는 분양 마케팅으로 자주 활용되었다. 실제로 안목 치수를 적용하면 벽체 안쪽만 전용 면적으로 계산되기 때문에 공부상 동일한 전용 면적일지라도 사용할 수 있는 공간이 2 ~ 3평 늘어나는 효과가 있다.

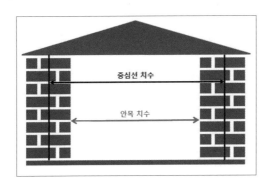

| 안목 치수와 중심선 치수 |

하지만 '건축법'의 적용을 받는 오피스텔(아파텔)은 안목 치수가 아닌, 벽체의 중심부터 다른 벽체의 중심까지의 거리를 측정해 면적을 산정하는 '중심선 치수'를 썼다. 중심선 치수를 적용하면 오피스텔의 전용 면적이 85m^2라 하더라도 벽체 일부가 포함돼 실제 사용 면적은 70m^2 중반대로 줄어들게 된다.

그런데 최근 국토 교통부가 '오피스텔 건축 기준'을 변경하면서 새로 짓는 오피스텔의 전용 면적을 측정할 때 아파트처럼 '안목 치수'를 의무적으로 적용하도록 했다.(2014. 11. 24.)

| 오피스텔 건축 기준 변경 – 전용 면적 측정에 안목 치수 적용 |

그렇지 않아도 오피스텔과 아파트의 전용률 산정 방식이 달라 혼란을 주는 데다가, 안목 치수를 적용하는 아파트와는 달리 '중심선 치수'를 적용해 전용 면적이 더 좁은 단점을 개선하기 위해 오피스텔도 안목 치수를 적용하도록 한 것이다. 중심선 치수와 안목 치수로 산정하는 면적의 차이가 약 6~9% 정도이므로 과거 산정 방식에 비해 최근 분양하는 오피스텔의 전용 면적이 그만큼 늘어나는 효과가 발생한다.

하지만 아파트와 오피스텔(아파텔)의 전용률 계산 기준은 여전히 다르므로 단순히 평당 분양가가 낮다고 덥석 구입해서는 안 된다. 아파텔은 계약 면적으로 평당 분양가를 산정한다는 사실을 꼭 기억하고, 전용률과 계약 면적이 얼마나 되는지 등 여러 가지를 꼼꼼히 따져 볼 필요가 있다.

아파텔과 아파트의 차이

아파텔은 건축법상 오피스텔이므로 발코니와 욕조가 없다. 관리비는 공용 면적 비용을 포함해 부과되어 아파트에 비해 비싼 경우가 많으며, 취득세도 업무용으로 부과되어 아파트(1.1%)에 비해 4.6%로 높다. 또한 전기료나 재산세, 양도세를 낼 때는 주택으로 취급되어 업무용보다 부담이 더 크다. 그러므로 아파트와의 차이점과 득실을 잘 따져 보고 투자해야 한다.

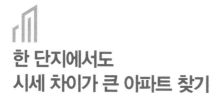

한 단지에서도
시세 차이가 큰 아파트 찾기

아파트 매물을 살피다 보면 같은 단지, 같은 면적임에도 가격 차이가 많이 나는 것을 자주 볼 수 있다. 단지나 면적이 같다고 해도 동 또는 층, 구조 등이 다르고 각각의 장단점이 존재하므로 사람들의 선호도에 따라 가격 차이가 나타나는 것이다. 이렇게 가격 차이가 나타나는 근본 원인을 제대로 이해하고 활용한다면 같은 돈을 투자하더라도 다른 사람들보다 훨씬 더 나은 수익을 얻을 수 있을 것이다.

가격 차이의 원인이 되는 요소는 교통(역세권)이나 학군과 같이 쉽게 파악할 수 있는 것뿐만 아니라 단지 내의 구조나 일조권, 또는 소음과 같은 내부적인 조건들도 있다. 이러한 내부 요인들은 좀 더 세심하게 살피지 않으면 놓칠 수가 있으므로 차별화된 투자 수익을 얻고 싶다면 기본부터 충실히 따져 보자.

1 같은 평수라도 구조에 따라 실용성이 달라진다

베이(bay)가 많을수록 유리하다

'베이(bay)'는 원래 기둥과 기둥 사이의 한 구획을 말한다. 하지만 아파트의 구조를 이야기할 때는 기둥보다는 벽을 기준으로 구분되는, 아파트 전면(前面)에 배치된 방과 거실의 총 개수로 이해하는 것이 더 쉽다.

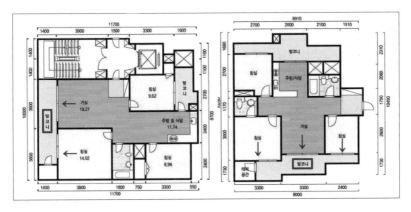

| 2베이(왼쪽)와 3베이(오른쪽) 평면도 |

　90년대에 건설된 1기 신도시의 전용 면적 $60 \sim 85\,m^2$ 아파트의 경우, 전면이 안방과 거실로 구성된 '2베이' 형태가 기본이었다. 그러나 2000년대에 접어들면서 거실 양쪽에 방 2개를 배치한 새로운 평면 구조가 등장하게 되었는데, 이것이 바로 우리에게 익숙한 '3베이' 구조다. 3베이는 당시 주력을 이루던 2베이보다 실용적인 면에서 더 많은 사람들이 선호했고, 현재는 4베이 또는 5베이 등 다양한 설계 모형이 등장했다.

　보통 베이가 늘어나면 다음 그림처럼 긴 직사각형 모양으로 전면 폭이 넓어지게 되므로 채광이 좋고 환기가 잘된다. 또한 발코니와 같은 서비스 면적이 늘어나서 확장을 하면 전용 공간을 더 넓게 사용할 수 있다. 따라서 아파트를 청약하거나 매수할 때 최대한 베이가 많은 것을 선택하는 것이 더 큰 시세 차익을 얻을 수 있는 방법이다.

| 김포 한강센트럴자이 4베이 기본형과 확장형 구조 |

탑상형(타워형)보다 판상형 구조가 더 좋다

과거부터 우리나라 아파트를 성냥갑에 자주 비유해 왔다. 네모반듯한 모양새의 아파트가 흡사 성냥갑과 비슷해 보였기 때문일 것이다. 그만큼 아파트라고 하면 위에서 내려다 봤을 때 일자형(판상형) 구조가 대세였던 시절이 있었다. 하지만 90년대 중·후반 초고층 주상 복합 아파트(탑상형)가 등장하면서 기존 판상형 아파트에 식상한 사람들이 점차 주상 복합형 아파트를 더 선호하기 시작했다. 초고층 빌딩을 연상시키는 웅장한 모습과 다양한 평면 구조로 인해 판상형보다 더 고급스러운 아파트라는 이미지로 인식되었기 때문이다. 이 시기에 등장한 도곡동 '타워팰리스'나 목동의 '하이페리온'과 같은 아파트는 지역을 대표하는 랜드마크로 명성을 떨쳤다.

그렇지만 다시 탑상형보다 판상형 아파트를 선호하는 추세로 바뀌었다. 전통적으로 중요하게 여기던 채광이나 환기 측면에서 볼 때, 판상형 아파트가 더 실용적이라는 이유에서다. 이러한 선호 변화가 반영되어 판상형과 탑상형이 한 단지 내 혹은 같은 동에 함께 포함된 혼합형 구조로 많이 짓고 있다. 현재 대세인 4베이나 5베이 구조를 적용하고 판상형으로 지으려면 토지가 길쭉한 직사각형이어야 하는데, 건설사가 보유한 토지 형태가

다 제각각이라 땅을 효율적으로 활용할 방법을 찾아야만 했기 때문이다.

| 판상형과 탑상형을 함께 구성한 혼합형 단지 |

규모가 큰 단지는 판상형과 혼합형 구조를 섞어서 배치하고, 작은 단지의 경우에는 토지 모양에 따라 판상형이 가능한 위치에 4~5베이 구조로 짓고 이어지는 지점에 탑상형을 연결하는 L, V, Y자 형태의 혼합형 구조로 배치하고 있다. 최근에는 탑상형을 아예 배제하고 모두 판상형 배치가 가능하도록 일자형과 L자 형태로 단지를 구성하는 경우도 많다.

따라서 투자하려는 단지가 판상형과 탑상형이 포함된 혼합형 구조라면 사람들의 선호도가 높은 판상형을 선택하는 것이 향후 가격 상승 측면에서 더 유리하다.

2 가격에 영향을 주는 전통적인 요인 5가지

일조권

하루 종일 집 안에 해가 잘 들어오면 습하지 않고 항상 밝은 느낌이 나서 신체적·정신적인 건강에 도움을 준다. 또한 난방비나 전기료와 같은 부수적인 비용을 절약할 수 있다. 그래서 사람들은 여름에 시원하고 겨울에는 따뜻한 '남향'을 선호하고, 태양 광선을 확보할 수 있는 권리인 '일조권'에 제약을 받을 수 있는 저층보다 중층 이상의 집을 선호한다. 이러한 선호도에 따라 집값이 차이가 나는 것은 당연하다.

조망권

창문 밖을 내다보았을 때 건물이나 고가 도로 등이 시야를 가로막고 있으면 앞에서 말한 일조권에 제약을 주기도 하지만, '개방감' 측면에서도 나쁜 영향을 미친다. 눈앞을 가리는 것 없이 훤하게 개방되어 있으면 편안하고 안전한 느낌을 주기 때문에 먼 곳을 바라볼 수 있는 권리인 '조망권'은 삶의 질에 직접적인 연관이 있다.

더 나아가 조망권은 강이나 산, 골프장과 같이 바라보면서 심리적인 여유와 만족감을 얻을 수 있는 '좋은 경관'을 의미하기도 한다. 과거보다 생활 수준이 높아지면서 좋은 주거 환경에 대한 욕구가 늘어나 아름다운 경치를 집 안에서 볼 수 있는지가 아파트 가격에도 지대한 영향을 미치게 된 것이다.

소음

도로변 또는 철길에 근접해 있거나 비행기가 상공을 통과하는 지역의 아파트는 주변의 다른 곳에 비해 가격 차이가 매우 많이 난다. 소음이 크면 사람들에게 정서적인 불안감이나 청력 장애 등 건강상의 문제를 야기할 수 있기 때문이다.

하지만 소음 문제는 즉각적으로 확인하기 어려울 때가 많다. 예를 들어, 저층 아파트 바로 앞에 놀이터가 있으면 확 트인 느낌이 들어 조망권 측면에서는 좋은 점이 될 수 있지만, 막상 거주해 보면 아이들이 떠드는 소리로 인해 많은 스트레스를 받을 수 있다. 그리고 겨울에는 창문을 잘 열지 않기 때문에 외부 소음을 제대로 파악하지 못할 수도 있다. 따라서 소음이 있는지 확인하기 위해서는 주변을 좀 더 세심하게 살펴야 한다.

사생활 침해

동간 간격이 많이 좁거나 건물이 꺾이는 구조이면 아파트의 내부 공간을 외부에서 쉽게 들여다볼 수 있어 사생활 침해 가능성이 매우 높다. 1층에 있는 집 역시 사생활 침해나 보안에 대한 우려가 있어서 상대적으로 가격이 낮게 형성되는 사례로 볼 수 있다.

| 다른 집 내부가 쉽게 들여다보일 뿐 아니라 일조권에 제한을 주는 좁은 동간 간격 |

기타: 역세권과 학군 등

역세권과 학군에 대해서는 제2장에서 자세히 설명하겠다.

3 결국 '생활의 편의성'이 가격을 결정한다

지금까지 한 단지나 같은 면적임에도 가격 차이가 많이 나는 이유들을 살펴보았다. 그런데 실제로는 한두 가지 요인 그 자체보다는 거주자가 얼마나 편리하게 생활할 수 있느냐가 가장 큰 영향을 미친다. 예를 들어, 동일한 단지의 '대로변에 있는 남향 아파트'와 '단지 안쪽에 있는 남향 아파트'라는 특정 사례를 가지고 생각해 보자. 비교하기 쉽도록 두 아파트 모두 고층이고, 조망도 비슷하다고 가정한다.

어떤 차이점이 제일 먼저 눈에 들어오는가? 아마도 '대로변'과 '단지 안쪽'이라는 부분에 주목해서 '소음' 문제를 우선적으로 비교하게 될 것이다. 시끄러운 곳보다는 조용한 곳에서 살기를 원하기 때문이다. 더구나 이 단지가 아이를 키우는 사람들이 많은 중소형 아파트로 구성되어 있다면 대로변은 소음뿐 아니라 미세 먼지와 같은 공해 요소로 인해 선호도가 낮을 수밖에 없다. 따라서 단지 안쪽의 아파트 가격이 더 높게 형성될 것으로 예상할 수 있다.

그런데 만약 대로변 아파트가 위치한 곳이 '역세권'이라면 그 예측이 빗나간다. 이곳을 선택하는 사람들은 '출퇴근의 편의성'을 더 고려하는 사람들이기 때문에 소음 문제는 그 다음의 고려 사항이 되는 것이다. 다음 지도는 2호선 잠실나루 역 근처에 위치한 잠실 파크리오 아파트이다.

| 조용한 단지 안쪽(A)과 역에 근접한 대로변(B) 아파트의 가격 차이 요인 – 생활의 편의성 |

왼쪽에 있는 잠실나루 역을 배제하고 단순히 생각해 보면, 정중앙(A)이 주거 환경적인 면에서 더 좋아 보인다. 대로변에서 떨어져 있어 조용하고, 초등학교가 가까운 데다가 앞에는 공원이 위치하고 있기 때문이다. 하지

만 실제 이 단지에서 가장 비싼 곳은 왼쪽 잠실나루 역에 근접한 동(B)이다. 2호선 역세권이라 출퇴근하기 편리한 집을 원하는 사람들이 많이 찾는 곳이라는 점이 바로 그 이유다.

이처럼 특정 요인 자체보다는 그 요인으로 인해 그 지역에 거주하는 사람들이 얼마나 편하게 생활할 수 있느냐에 따라 가격 차이가 발생한다. 따라서 한 가지 요인을 일률적으로 적용하여 판단하기보다는 '생활의 편의성'에 초점을 맞춰 상황에 따라 가격 상승에 더 많은 영향을 주는 요인을 찾아야 할 것이다.

대형/중형/소형 평형의 가치는
정해져 있지 않다

1 선호하는 평형은 '시기'에 따라 다르다

지금은 중소형 아파트 불패시대?

최근 몇 년간, 수도권이나 지방을 불문하고 아파트 매매 시장에서 가장 인기 있는 평형은 20평대였다. 실거주를 목적으로 하든, 투자를 위해서든 중소형 아파트의 전성시대였다. 그 이유는 크게 세 가지로 정리할 수 있다.

먼저 경기 침체가 장기간 이어지면서 가격이 비싸고 거주 비용이 많이 드는 중대형보다 중소형, 특히 소형을 선호하는 '실거주 수요'가 크게 늘어났기 때문이다. 또한 저출산 기조가 유지되면서 4인 이상의 세대수는 줄고, 1~3인 이하의 세대수가 늘어나고 있다는 점도 하나의 이유이다.

그뿐만이 아니다. 최근 전세 가격이 상승하자 중소형 아파트의 전세가가 매매가에 육박하게 되면서 적은 비용으로도 가능한 '갭 투자'* 방식이 유행하게 되었고, 이로 인해 소형 아파트에 대한 '투자 수요'가 폭발적으로 늘어난 것도 원인으로 작용했다.

그러다 보니 '이제는 중소형에 투자를 해야 한다.'거나 '중대형 아파트 투자 시대는 끝났다.'는 식의 확정적인 주장을 하는 사람들이 많아졌다. 과연 이 말이 맞을까?

---

* **갭 투자**
  시세 차익이 예상되는 매물의 매매가와 전세가의 차이(gap)가 적은 경우에 전세를 끼고 매입하는 투자
  대출을 받지 않고도 전세 보증금을 활용해 투입 비용을 최소화할 수 있다는 것이 장점

2000년대 중반, 중대형 가격이 크게 올랐던 이유

지난 2000년대 중반, 지금의 분위기와는 달리 중대형 아파트 가격이 급등했던 시기가 있었다. IMF 사태(외환 위기) 이후 정부의 부동산 활성화 정책으로 시장은 점차 회복되었지만, 그 부작용으로 과열의 기미가 보이기 시작했다. 부동산 시장에서는 투기에 대한 우려의 목소리가 흘러나왔고, 정부는 투기를 억제하기 위해 다주택자들에게 '양도세 중과세'를 부과하는 강력한 시장 억제 카드를 꺼내 들었다.

그러자 투자자들 사이에서는 '다주택자가 되어 나중에 무거운 세금을 낼 바에는 입지가 좋은 곳의 중대형 아파트 한 채를 보유하는 게 차라리 낫다.'라는 인식이 새롭게 퍼졌다. 일부 사람들은 자신이 보유한 부동산 중 투자 가치가 적은 수도권 외곽의 소형 주택부터 처분하고 중대형 한 채로 갈아타기 시작했다. 이후 점차 중대형에 대한 수요가 확산되면서 지역을 막론하고 중대형 아파트 가격이 동반 상승하게 된 것이다.

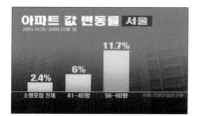 

| 2000년대 중반 중대형 아파트 가격의 높은 상승률(출처: 2005. 6. 27. SBS 뉴스) |

시기에 따라 변하는 수요에 맞춰 투자하라

다시 정리해 보면, 정부의 다주택자 중과세 정책이 중대형 수요를 자극해 중대형 아파트의 유행을 불러일으켰고, 지금은 다주택자에 대한 규제 철폐, 1~3인 가구의 증가, 그리고 전세 가격 상승과 같은 사회적 현상이 맞물리면서 중소형 아파트를 선호하는 흐름으로 바뀌어 왔다. 여기서 우리는 특정 규모의 아파트를 선호하는 현상은 항상 고정된 것이 아니라 정부 정책이나 시장 환경에 따라 수시로 변화한다는 사실을 알 수 있다.

　중소형이 대세라 하여 무조건 중소형 아파트에 투자해야 한다거나 중대형 아파트 투자는 더 이상 안 된다는 식의 주장은 단지 '현재' 시장에 대한 해석일 뿐이다. 지금까지 그래 왔듯, 미래의 수요도 계속해서 변할 것이다. 현명한 투자를 하려면 아파트 규모 자체보다는 수요 변화에 초점을 맞춰, '수요가 존재하는 곳은 가격 상승이 따르므로, 수익을 얻을 수 있다.'는 유연한 해석이 필요하다.

2 선호하는 평형은 '지역'에 따라 다르다

관심 지역의 고정 수요층을 확인하라

　'시기'에 따라 선호하는 아파트의 평형이 달라지고 수요가 변화할 뿐 아니라, '지역별'로도 그 차이가 분명 존재한다. 따라서 관심 있는 평형대 아파트가 위치한 지역의 수요층을 파악하는 것이 중요하다.

　먼저 중대형 아파트를 기준으로 생각해 보자. 중대형을 고려하고 있다면 다른 사람에 비해 상대적으로 보유 재산이 많을 것으로 예상할 수 있다. 그리고 경제적인 여유가 있으면 지역 수준이나 아파트 품질을 더 까다롭게 비교할 것이므로, 입지 면에서 볼 때 C급이나 B급 지역보다는 A급 지역을 선택할 가능성이 높다.

　예를 들어, 서울 강남과 인천을 비교해 본다면 강남의 중대형 수요층이 더 많을 거라는 점을 쉽게 이해할 수 있다. 따라서 중대형 아파트에 관심이 있다면 가장 먼저 입지 요인을 확인하여 중대형 수요가 많은 A급 지역을 선택하는 것이 매우 중요하다. 그리고 그 지역에서 현재 시세보다 낮은 급매물을 찾아 구입하는 것이다.

반대로 중소형 아파트에 대한 수요층은 20~30대 회사원이나 신혼부부와 같이 젊고 보유 재산이 많지 않은 사람들의 비중이 더 많을 것이다. 이들은 대체로 조망권과 같은 삶의 질을 추구하기보다 출퇴근이 편리하거나 주변에 편의 시설이 잘 되어 있는 곳에 관심이 더 많다.

예를 들어, 교통이 편리한 곳에 산업 단지나 대학교가 위치하고 있다면 이 지역은 상대적으로 젊은 세대의 중소형 아파트 수요가 많을 수밖에 없다. 특히 임대 수익을 고려해 소형 주택에 투자하려 한다면 당연히 이런 입지 조건을 선택해야만 한다. 따라서 중소형 투자자들에게는 강남보다 오히려 인천, 부천의 역세권과 같은 지역이 비용 대비 수익률을 높일 수 있는 투자처가 될 것이다.

정리하자면, 부자가 많은 동네는 중대형 투자도 괜찮고, 임대를 목적으로 한다면 교통이 편리하고 편의 시설이 많은 지역의 중소형 위주로 접근하는 것이 좋다. 이렇게 '수요층'을 고려한 투자는 시장이 침체되더라도 탄탄한 '실수요층'으로 인해 가격 하락 폭이 크지 않으므로 안정적인 투자가 가능하다. 그리고 만약 상승 추세라면 실수요가 부족한 다른 지역에 비해 '투자 수요'도 더 많이 증가하므로 가격 상승폭이 크다.

3 중대형의 매수 타이밍을 찾는 방법

앞에서 시세가 오른다는 것은 공급보다 수요가 많다는 의미이고, 수요에는 '실수요'와 '투자 수요'가 있는데 투자 수요가 유입되는 곳에서 더 큰 수익이 나온다고 말했다. 이러한 패턴으로 보면, 현재 중소형 시장은 실수요뿐 아니라 상당히 많은 투자 수요가 들어와 있다. 특히 갭 투자가 유행한 최근 몇 년간 소형 아파트에 대한 투자 수요가 매우 많이 늘었다는 점에서 현재 상황이 '투기' 수준까지 간 것은 아닌지 냉정하게 생각해 볼 필요가 있다. 쉬운 판단을 위해서 아파트의 '평당 가격 비교'를 통해 살펴보자.

예를 들어, 내가 살고 있는 지역의 아파트 평균 가격이 평당 1,000만 원이라고 가정해 보자. 그렇다면 이 지역 내 같은 단지의 경우, 20평 아파트는 2억 원, 34평은 3억 4천만 원, 그리고 45평은 4억 5천만 원 정도로 평형에 비례해서 시세가 형성되는 것이 정상이다.

하지만 실제 현장에서 보면, 20평과 34평은 2억 5천만 원과 3억 7천만 원 정도로 평당 1,000만 원보다 높고, 42평은 평당 1,000만 원 미만으로 3억 원대 후반이나 4억 원대 초반에 형성되어 있는 경우가 많다. 중형인 34평과 42평의 가격이 크게 차이가 나지 않는 것이다. 이러한 현상은 중소형 아파트에 더 많은 투자 수요가 들어왔다는 의미이고, 상대적으로 중대형 아파트가 저평가되었다는 의미이다. 여기서 한 가지 질문을 던져보겠다.

중대형인 42평 아파트의 가격이 지금 살고 있는 34평과
그다지 차이가 나지 않는다면 42평 아파트를 살 마음이 있는가?

큰돈이 들지 않는다면 중대형 아파트에 관심이 갈 수밖에 없을 것이다. 따라서 언젠가 중대형을 구매하고자 하는 잠재적 수요층이 될 가능성이 매우 높아진다. 바로 이때 해당 지역의 중대형에 대한 수요를 검토해 보는 것이다. 만약 중대형 수요층이 충분하다고 판단되면 그때가 중대형 아파트를 매수할 적절한 시기이며, 수요층이 충분하지 않다면 동일한 방식으로 중대형의 수요층이 선호할 만한 A급 지역을 찾아보면 된다.

그런데 평당 가격이 평형에 따라 큰 차이 없이 비슷하게 유지되고 있다면(아파트 가격이 평형에 비례한다면), 이는 앞으로 중소형 아파트에 투자 수요가 더 들어올 가능성이 높다는 의미이다. 이때는 중대형 아파트가 아직 투자처로서 매력이 없다는 결론을 내릴 수 있다.

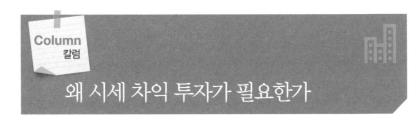

왜 시세 차익 투자가 필요한가

1 레버리지를 활용한 '임대 수익 투자'의 한계

2015년 전국 기준, 평균 아파트 매매 가격이 2억 7,000만 원이고 평균 가구 소득이 월 430만 원인 현실을 감안하면, 부동산을 순수하게 본인의 자금만으로 매입할 수 있는 사람은 몇이나 될까? 현재 자본금이 풍족하든 부족하든, 실제 거주를 위해서든 투자가 목적이든, 부동산을 사서 수익을 얻고자 하는 마음은 같을 것이다. 그리고 되도록 투입 비용을 최소화하기 위해 임대 보증금을 활용하거나 대출을 받을 것이다.

그런데 만약 자본금이 바닥을 드러내고, 대출도 더 이상 받기 어려운 상황이 된다면 투자를 계속할 수 있을까? 실거주를 위한 집 한 채를 사는 것으로 만족하는 것이 아니라, 꾸준히 부동산 투자를 하면서 부자가 되길 원한다면 종잣돈과 대출의 활용 방법, 그리고 투자 방향에 대한 원칙과 기준을 제대로 설정해야 한다.

자기 자본금만 투자 vs 레버리지 활용

은행의 대출을 지렛대 삼아 투자에 투입되는 자기 자본을 줄이면서 수익률을 높이는 것을 '레버리지 효과'라고 한다. 대출을 잘 활용하면 수익률도 좋아지고, 남은 자본금으로 또 다른 투자도 할 수 있기 때문에 투자에 있어서 매우 중요한 기법 중 하나이다. 하지만 우리 주변에는 대출을 받는 것을 꺼리는 사람이 많은 것도 사실이다. 부동산 투자를 하면서 대출을 받지 않는 경우와 받는 경우를 다음의 예를 통해 자세히 비교해 보자.

　A는 1억 원인 다세대 주택을 보증금 2,000만 원에 월세 50만 원으로 임대하는 조건으로 구입했다. 이때, 대출 없이 자신의 돈으로만 구입하여 매매가 1억 원에서 보증금 2,000만 원을 제한 8,000만 원이 최종 투입 금액이다. 그리고 A는 매월 50만 원의 수익을 얻게 된다.

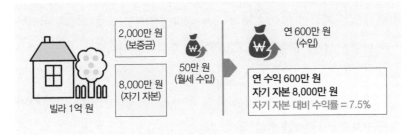

| 자기 자본으로만 투자한 경우의 수익률 |

$$수익률 = \frac{순수익(1년)}{실제\ 투입\ 자금} \times 100$$

| 수익률 기본 계산식 |

　위의 식에 대입해 수익률을 계산해 보자. 총 8,000만 원을 투자해서 연 600만 원(= 매월 50만 원 × 12개월)의 수익을 얻게 되었으니 자기 자본 대비 수익률은 연 7.5%이다. 최근 예금 금리가 연 3%대라는 것을 감안하면 꽤 높은 수익률이다.(취득세, 중개 수수료 등의 필요 경비는 계산의 편의를 위해 제외한다.)

　만약 경매를 통해 다세대 주택 낙찰을 받는 경우라면 보통 낙찰가의 80~90%까지 '경락 잔금 대출'이 가능해 레버리지 효과를 크게 볼 수 있다. B는 1억 원에 낙찰을 받은 후, 은행에서 낙찰가의 80%인 8,000만 원의 대출을 받고 본인의 자본금 2,000만 원을 투입했다. 대출금 8,000만 원에 대해 금리를 4%로 가정하고 계산해 보면, 매월 266,666원(= 8,000만 × 0.04 ÷ 12개월)의 이자가 발생한다.

앞의 예와 마찬가지로 이 집을 보증금 2,000만 원에 월세 50만 원으로 임대한다면 그 보증금으로 B가 투입한 비용이 고스란히 회수되어 최종 투자금은 0원이 된다. 즉, 전혀 돈을 들이지 않고 투자해도 월세 50만 원에서 대출 이자 266,666원을 차감한 약 23만 원의 수익이 매월 생기는 것이다. 이때 투입한 자본이 없으니 자기 자본 대비 수익률은 무한대이다. 이러한 투자 방법을 일명 '무피 투자'라고 하는데, 투자자들 사이에서 뜨거운 관심을 받아 왔다.

그러나 무피 투자가 현장에서 자주 일어나는 사례는 아니다. 만약 주변 시세가 보증금 1,000만 원에 월세 50만 원이라고 가정하면 최종 투자금은 1,000만 원이 될 것이다. 1,000만 원을 투자해서 매월 약 23만 원의 수익이 생기므로 이때 자기 자본 대비 수익률은 27.6%가 된다.

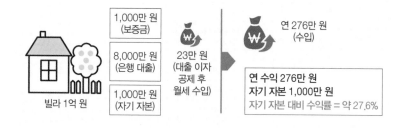

| 대출을 활용한 경우의 수익률 |

단순 비교만 해 보더라도 대출을 받지 않는 경우보다 대출을 활용할 때의 수익률이 훨씬 높다는 것을 알 수 있다. 더구나 대출을 받지 않는다면 한 채의 부동산 투자에 8,000만 원이나 되는 종잣돈이 투입되어 추가로 투자할 수 있는 여력이 없지만, 대출을 받는 경우에는 여유 있게 다른 부동

산에 투자할 수 있다.(두 경우 모두 보유 자금이 8,000만 원이었다고 가정한다.)

당신이라면 어떤 투자 방법을 선택하겠는가? 아마도 대출을 활용한 투자를 선택할 가능성이 높을 것이다. 사실 레버리지 효과를 이용한 투자는 이제 기본 투자 전략이 되었고, 이 방법을 다루지 않는 투자 관련 서적은 거의 드물다.

그러나 이 투자 방법에는 절대 간과해서는 안 될 조건이 있다. 이 전략은 자기 자본에 은행 대출을 지렛대 삼아 수익률을 극대화하는 방식이므로 '종잣돈이 있어야 한다.'라는 가장 기본적인 전제에서 출발한다. 따라서 종잣돈이 부족해지거나 더 이상 존재하지 않는 순간, 이러한 레버리지 전략은 무용지물이 되어 버린다.

레버리지를 극대화하거나
투자금이 묶이지 않는 무피 투자가 매번 가능할까?

이 책을 읽게 된 이유를 한번 떠올려 보자. 솔직히 말해 돈을 벌고 싶었기 때문일 것이고, 이 말은 곧 지금은 부자가 아닐 가능성이 높다는 의미이다. 보유한 자본금이 많지 않기 때문에 투자를 하다 보면 언젠가 그 돈이 바닥나게 될 것이고, 레버리지 투자가 불가능한 상황에 맞닥뜨리게 된다.

물론 앞에서 말한 무피 투자를 하게 되면 이론적으로는 자본금 없이 투자가 가능하고 무한대로 수익을 창출할 수 있다. 하지만 보통의 책에서는 독자들이 이해하기 쉽게 단순화하여 설명하다 보니 시장에 존재하는 다양한 변수들을 배제하고 있다. 오히려 실제로는 이러한 변수가 나타나는 경우가 더 일반적이므로 초보 투자자라면 더욱 주의를 해야 한다.

다세대 주택을 경매로 낙찰 받을 경우에 낙찰가의 80~90%까지 대출이 가능하다고 했는데, '금융 정책'은 수시로 변경된다. 만약 낙찰가의 70%만 대출이 가능한 조건으로 변경된다면, 대출 금액은 7,000만 원이 되고 총 3,000만 원의 종잣돈이 필요하다. 보증금 2,000만 원으로 회수를 하더라도 무피 투자였던 B의 상황과는 달리 추가로 1,000만 원이라는 자본금을 더 투입해야 한다.

또 다른 변수를 살펴보자. 오래된 주택은 수리를 해야 하는 경우가 종종 있다. 몇 백만 원의 생각지도 않았던 '수리비'가 추가로 발생하는 상황이라면 애초에 계산했던 것보다 더 많은 비용을 투입해야 한다. 이뿐만 아니라, 경기가 나빠져 매입한 부동산의 가격이 하락한다면 대출 연장 시 원금 중 일부를 상환해야 할 수도 있고, 월세 가격이 하락할 수도 있다. 이렇게 예상치 않은 상황들이 많지 않은 '종잣돈을 갉아먹는 요소'로 충분히 발생할 수 있는 것이다.

앞에서 예로 든 B에게 투자할 수 있는 돈이 2,000만 원이 전부라고 가정해 보자. 1억 원의 다세대 주택을 낙찰 받고 레버리지를 최대한 활용했지만(대출 80%), 위에서 언급한 변수들로 인해 최종 1,000만 원의 종잣돈이 투입되었다. 이때, 수익률은 약 27.6%로 높은 편이지만, 남은 투자금은 1,000만 원밖에 되지 않는다. 이 돈으로는 초기에 자기 자본 2,000만 원을 투입해야 하는 1억 원짜리 주택을 추가로 낙찰 받을 수가 없다. 따라서 1,000만 원을 임시로 융통해 한 채를 더 낙찰 받거나, 남은 종잣돈의 한도 내에서 가능한 소액 투자 물건을 찾아야 할 것이다.

레버리지를 활용한 투자의 수익률이 높은 것은 사실이지만, 기본 투입 비용이 적다면 절대적인 수익금 역시 적을 수밖에 없다. 솔직히 말해, 이 돈은 한 달 생활비로도 충분하지 않고, 종잣돈마저 떨어져 더 이상 레버리지 투자 전략을 구사할 수도 없다. 게다가 기존 대출이 많을 경우에는 개인 한도가 정해진 금융 기관도 있어서 막상 좋은 투자 물건이 나와도 매입하지 못할 수도 있다.

2 지속적인 투자를 위한 '시세 차익 투자'

통상 부동산 서적과 인터넷 커뮤니티에는 실패 경험보다 성공 사례를 더 많이 싣기 때문에, 지금까지 주로 "레버리지를 이용해 월 수익 얼마를 만들었다."는 식의 성공 사례를 많이 접했을 것이다. 그러나 실제로는 레버리지를 최대한 활용하여 수익형 투자를 해왔던 사람들 중, 손에 쥐는 수익은 적은데 어느 순간 자본금은 바닥이 나서 고민을 하는 경우가 많다. 경제적인 자유를 얻기 위해 노력했지만, 더 이상 투자할 수 없는 상황에 처하게 되는 것이다.

그렇지만, 적은 돈으로 시작해서 꾸준하게 투자를 이어나가는 사람들도 분명 있다. 레버리지 투자 전략이 수행되기 위해서는 먼저 '종잣돈'이 있어야 한다는 기본 전제를 다시 한 번 기억하자. 이 말은 종잣돈이 바닥나지 않도록 한다면 지속적인 투자가 가능하다는 의미가 된다.

수익형 투자와 시세 차익형 투자를 병행하라

지난 7~8년간 부동산 매매 시장이 많이 침체되어 있었기 때문에 사람들은 주로 현금 흐름을 만드는 임대 수익 투자에 많은 관심을 가져왔다. 부동산을 산 가격보다 더 비싸게 팔아서 새로운 차익을 만들어 내는 방식을 '시세 차익 투자'라고 하는데, 지난 침체 기간에는 시세 차익을 기대하는 것이 쉽지 않았던 것이다. 하지만 고수들은 어떤 시기에도 꾸준히 수익을 내며 투자하고 있다. 다음의 방법으로 말이다.

1단계, 현금 흐름 투자와 시세 차익 투자 병행

2단계, 1단계에서 얻은 시세 차익으로 다른 투자 물건 매입

3단계, 새로운 투자로 현금 흐름과 시세 차익 추가로 발생

예를 들면 이런 식이다. 앞에서 말한 것처럼 1억 원짜리 다세대 주택 두 채를 사서 임대하여 매월 약 47만 원의 수익을 얻고 있었는데, 한 채의 가격이 올라 1억 2천만 원이 되었다. 이때, 이 집을 계속 보유하지 않고 매도하여 2천만 원의 양도 차익을 얻는다.(쉬운 계산을 위해 양도세와 거래 비용은 고려하지 않는다.)

기존처럼 대출을 받고 매도 차익을 1,000만 원씩 투자해 다시 두 채를 매입하면, 대출 이자 공제 후 매월 약 47만 원의 수익을 추가로 얻게 된다. 두 채 중 한 채를 팔고 다시 두 채를 샀으므로 총 세 채를 보유하게 되었고, 월세 수익은 약 70만 원(= 23.3만 원 × 3채)으로 늘어난다. 한 채의 주택에서 발생한 시세 차익을 재투자하면서 더 많은 현금 흐름을 확보하게 된 것이다.

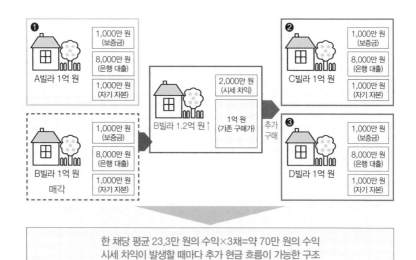

| 매도로 얻은 시세 차익을 재투자해 새로운 현금 흐름 발생 |

즉, 성공한 사람들은 현금 흐름과 시세 차익 투자를 함께 병행하면서 지속적인 투자를 할 수 있었고, 그 과정을 반복하면서 현금 흐름과 시세 차익의 규모를 점차 늘렸다. 현금 흐름 투자만으로는 지속적인 투자를 할 수 없고, 시세 차익 투자가 매번 가능할 수는 없다. 상생 관계인 두 방식이 맞물려 돌아가도록 해야만 꾸준히 현금 흐름을 증가시키고 경제적 자유를 이룰 수 있는 것이다.

'종잣돈이 부족하다.', '부동산 시장 상황이 좋지 않다.'는 걱정으로 한숨을 내쉬기 전에, 같은 조건에서도 꾸준한 수익을 내고 있는 투자자들이 있다는 사실을 잊지 말기 바란다. 수익형 투자에 대한 이야기는 이미 널리 알려져 있어서 또 다시 반복하지는 않겠다. 이 책에서는 투자의 흐름이 끊기지 않도록 하는, '시세 차익 투자'를 잘하는 방법에 대해 심도 있게 다루고자 한다.

2
단계

부동산 투자

쉬운 것부터

시작하라!

1.
공인 중개사와의 관계가
투자 수익을 결정한다

내가 원하는 매물을 주는
중개업소 찾기

대부분의 사람들은 평생 공인 중개사를 만날 일이 그리 많지 않기에
'적당히 알아두면 좋고, 그렇지 않으면 말고' 식의 심리가 보편적일 것이
다. 그러나 내 집을 마련해야 하거나, 특히 부동산 재테크에 관심을 가질수
록 중개사와의 관계가 매우 중요하게 된다. 중개사를 내 편으로 만들어 그
관계를 적극적으로 활용해야 투자의 성공 가능성이 높아지기 때문이다.

중개업소에 전화를 하거나 방문한 고객들이 하나같이 공통적으로 하는
말이 있다. "싸고 좋은 물건 있나요? 물건 나오면 연락주세요."라고 말이
다. 하지만 싸고 좋은 물건을 처음 전화를 하거나 한 번 방문한 사람에게
바로 소개해 줄 중개사가 과연 얼마나 있을까?

주변에 친분이 있는 중개사들이 공통적으로 하는 말이 "사무실에 들어오는 모습만 봐도 그 손님이 살 사람인지 묻기만 할 사람인지 알 수 있다."는 것이다. 들어올 때의 표정이나 걸음걸이에서 고객의 유형이 가늠이 된다는 말이다.

최근 언론에서 미래에 사라질 직업 중 하나로 꼽은 것이 공인 중개사일 정도로, 부동산 중개업의 전망이 밝지 않고 경쟁이 심한 것이 사실이다. 우리가 좋은 매물을 보여줄 중개사를 찾듯이, 중개사는 거래 성사를 위해 고객을 기다리고 있다. 매물을 중개하는 입장에서는 실제 거래에 도움이 될 사람에게 관심이 있을 수밖에 없고, 도움이 되지 않는다면 적극적으로 응대하려고 하지 않는다.

따라서 한두 번 방문했다고 나에게 싸고 좋은 물건을 보여줄 거라는 착각을 해서는 안 된다. 내가 먼저 적극적인 관심과 인간적인 모습을 보이고, 상대방에게 도움이 될 사람이라는 것을 어필해야 한다. 특히 자금 여력이 있어서 당장 계약을 할 수 있다는 인상을 주게 되면 적극적으로 물건을 소개하고 도움을 주고자 하는 것이 중개사의 심리다.

먼저, 동네 중개업소에 방문해 차도 마시고 이런저런 이야기를 나누며 친분을 쌓고, 돈이 마련되어 있으니 급매물이 나오면 바로 사겠다는 믿음을 주면 많은 도움이 된다. 직접 거주하고 있는 지역의 부동산은 좀 더 정확하고 쉽게 파악할 수 있기 때문에 좋은 물건을 매입할 확률이 높다.

2005 ~ 2006년 뉴타운 광풍이 불었던 초창기에, 필자는 고양시 능곡의 아파트 투자를 위해 그 지역에 1년 정도 거주했었다. 이때, 아내가 아이를 업고 놀러가서 친해진 중개업소에서 "뉴타운 정책으로 능곡 지역의 빌라 분위기가 심상치 않다."는 이야기를 들을 수 있었고, 누구보다 빠르게 이

지역 빌라에 투자할 기회를 잡았다. 이처럼 좋은 기회를 남들보다 빨리 선점해 투자 수익률을 높이려면, 중개사와의 관계에 있어서도 평소에 꾸준한 관심과 노력을 기울여야 한다.

2 '물건지 중개업소'의 '양타 중개'를 활용하라

몇 년 전, 투자를 하면서 인연을 맺게 된 중개업소가 있는데, 그곳에 70대 노인이 자주 드나드는 것을 보았다. 알고 보니, 그 노인은 약 30여 채의 부동산을 보유하며 임대 사업을 하고 있었는데, 이 중개업소의 중요한 '관리 고객'이었다. 괜찮은 물건이 나오면 먼저 소개해 매입하게 하고, 매도할 물건은 좋은 가격에 거래되도록 중개할 뿐 아니라, 노인이 보유한 주택에서 나오는 전·월세 물량을 모두 관리하고 있었다. 이와 같이, 매물을 구하는 지역에서 오랫동안 영업을 하며 관리 고객과 물건을 많이 보유한, 영업이 안정된 업소를 '물건지 중개업소'라고 한다.

최근에는 마이스파이더(myspider)나 케이렌(K-REN)과 같은 '공동 중개 정보망'이 잘 갖춰져 있어 많은 매물들을 서로 공유한다. 그러나 물건지 중개업소처럼 관리 물건이 많고 영업 능력이 뛰어난 곳은 공동 중개망에 올리지 않는 경우가 많다. 중개 수수료를 매수인과 매도인에게 모두 받을 수 있는 '양타 중개'*가 가능함에도, 매물을 공유했다가 다른 곳에서 중개가 들어와 거래가 성사(반타 중개)되면 수수료를 한쪽에서밖에 받을 수 없기 때문이다. 그리고 중개사 본인이 직접 투자하여 소유하고 있는 물건의 경

---

* **양타 중개**
중개업소가 확보하고 있는 물건을 다른 업소의 개입 없이 매수인에게 직접 계약하도록 해, 매수인과 매도인 모두에게 수수료를 받는 중개

우에도 공동 중개망에 올려놓지 않는다.

그렇다면 어떻게 해야 중개업소로부터 내가 원하는 매물을 얻을 수 있을까? 중개사의 입장에서 생각해 보면, 당연히 '관리 고객이 될 수 있는 투자자'를 좋아할 수밖에 없다. 관리 고객이 된다면 매수 계약으로 끝나는 것이 아니라, 전세나 월세 임대를 위해서, 또 언젠가 그 물건을 매도할 때까지 최소한 3번 이상의 거래가 발생하게 된다. 게다가 한 중개업소에서 여러 건을 매수하게 된다면 안정적인 거래는 계속 늘어나게 된다. 이렇게 여러 차례 발생하는 계약을 양타 중개하게 되면 수수료 수입이 상당할 것이므로, 어떤 중개업소에서도 이런 VIP 고객을 놓치고 싶지 않을 것이다.

3 매물이 많고 영업 능력이 뛰어난 중개업소를 찾아라

잘 아는 지역이라 하더라도 처음부터 곧바로 물건지 중개업소를 찾기는 어렵다. 초보 투자자라면 더욱 그러할 것이다. 겉모습만을 보고는 전혀 알 수 없기 때문이다. 실제로 필자가 잘 아는 지역에서 거래량 신고 1위인 중개업소는 눈에 잘 띄는 대로변이 아닌 아파트 상가 뒤편의 외진 곳에 자리하고 있다. 따라서 처음에는 일단 여러 곳을 방문할 필요가 있고, 각 중개업소가 내놓은 매물을 보고 답변을 듣는 과정에서 분위기를 파악하면 된다. 아무래도 매물이 많은 곳에 오래된 단골이 많다고 볼 수 있다.

외양만 보고 판단하면 안 된다 하더라도, '코너'에 위치한 중개업소는 무조건 들어가 보는 것이 좋다. 그 자리에 있다는 것은 코너 상가의 높은 임대료를 감당할 수 있을 정도로 영업이 잘 된다고 볼 수 있기 때문이다. 거주자들이 이동하는 동선에 위치하고 있어서 지나다니며 물건을 내놓기 쉬우므로 매물이 많고, 자연적으로 거래량도 많을 가능성이 높다.

코너 자리 중개업소가 영업을 잘 할 거라 생각하는 또 한 가지 이유는 실제로 코너 상가에서 영업하고 있는 사장님들과 나누었던 대화를 통해 느끼는 바가 있었기 때문이다. "코너에 자리를 잡으면 월세가 비싸지 않나요?"라는 필자의 질문에 상당수 사장님들은 "거래 한 건만 더하면 월세를 충분히 낼 수 있는데, 왜 외진 곳으로 가나요? 두 건만 더 중개해도 이득인데요."라고 답했다. 월세의 많고 적음보다는 영업이 잘 될 만한 곳인가를 기준으로 사업장을 선택하는 마인드를 가졌다면, 현재는 물건지 중개업소가 아니더라도 영업 능력이 뛰어나고 적극적인 중개업소라고 볼 수 있을 것이다.

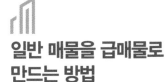

일반 매물을 급매물로
만드는 방법

1 공인 중개사를 협력자로 만들어라

매도인의 급한 사정에 의해 나오는 물건은 평균 시세보다 더 낮을 수밖에 없다. 이때, 상대방의 사정이 무엇인지 미리 알 수 있다면 협상의 우선권을 가지고 접근할 수 있기 때문에 충분히 더 만족스러운 가격으로 낮춰 매입할 수 있다. 그러기 위해서는 중개사를 내 '협력자'로 만들어 놓아야 한다. 상대방의 정보를 제공해 주고, 협상 과정에서 내 의견에 동조해 매도인에게 심리적 부담감을 줌으로써 매수인인 나에게 유리한 협상이 되도록 도와주는 역할을 하기 때문이다.

경험이 부족했던 초보 시절에 시세가 1억 5,000만~1억 5,500만 원인 아파트를 A 중개업소를 통해 1억 4,500만 원에 구입을 했던 적이 있다. 급매물로 나왔다고 해서 다급히 구입을 했는데, 사전에 제대로 확인하지도 않고 서두른 것이 화근이었다. 나중에 알고 보니, 그 물건은 B 중개업소에서 1억 4,000만 원에 거래되기 직전이었는데 내가 중간에 나타나 500만 원을 더 주고 산 것이다. 매도인이 급하게 1억 4,000만 원에 도장을 찍으려던 상황을 알고, A 중개업소가 매도인에게 먼저 "더 비싸게 팔아줄 테니 수수료를 두 배로 달라."는 제안을 했고, 그러고는 내가 1억 4,500만 원에 매입하도록 유도한 것이다.

급매물을 놓치기 전에 구입해야 한다는 생각에 사로잡혀 실제 매물을 파악하는 일에 소홀했고, 무엇보다 A 중개업소를 협력자로 만들지 못했던 것이 가장 큰 실수였다. 만약 내가 먼저 A 업소에 "1억 4,000만 원에 맞춰 주면 수수료를 100만 원 더 주겠다."고 제시했다면 나로서는 더 많은 이득을 얻었을 것이다.

2 협상의 기술을 발휘하라

헐뜯거나 아니면 말고 전략

물건을 팔기 위해 나온 매도인의 불안 심리를 계속 키우는 이 방법은 주로 '매수인 우위의 시장'에서 사용된다. 협상 테이블에 앉을 때까지 말을 아끼면서, 물건지에서 확인했던 문제점을 하나씩 공격하는 것이다. 예를 들면, 집이 오래되어 수리비가 많이 들 것 같다는 식으로 약점을 잡는다.

또한 가격 협상 단계에서는, 매도인의 물건을 꼭 구입하겠다는 것은 아니고 같은 가격의 다른 물건도 매입을 검토하고 있다는 것을 언급하거나, 이 물건이 아니더라도 좋은 물건은 많다는 식으로 압박하는 방법이 있다. 단, 이 전략은 부동산 시장이 전반적으로 상승하는 시기에는 사용하기 어렵다.

매도인의 동정심 유발 전략

이 전략은 기본적으로 매수인을 방해하는 제삼자를 등장시켜 최대한 매도인의 동정심을 유발하는 방법이다. 예를 들면, 부부가 집을 장만하려고 하는데, 남편은 매도인이 내놓은 집을 그리 마음에 들어 하지 않아서 얼마의 가격(최대한 낮은 가격 제시) 이상으로는 절대 사지 않겠다고 한다고 말한다. 그렇지만 본인(아내)은 이 집을 꼭 사고 싶은데, 남편이 워낙 강경해서 매도인이 원하는 가격으로는 매입하기가 힘들다는 점을 살며시 강조한다.

또는 돈이 없는 신혼부부의 상황을 이용할 수도 있다. 이번에 처음 집을 구입하려고 하는 신혼부부인데, 양가 부모님은 도움을 줄 수 있는 형편이 되지 않아 직접 해결해야 한다고 말한다. 그런데 돈이 부족해서 매도인이 조금만 가격을 조정해 주면 구매할 수 있을 것 같다고 조심스레 이야기하며 동정심을 유발한다. 부동산 거래도 사람 사이의 일이므로, 상대방이 수긍하거나 공감할 수 있는 상황을 전달함으로써 나에게 유리한 조건으로 협상을 이끌어낼 수 있다.

3 전·월세가 들어 있는 매물을 노려라

전세나 월세로 임대 중인 매물은 곧바로 입주할 수 없기 때문에 실제로 들어가 살아야 하는 사람들에게는 아예 관심이 없는 물건이다. 이러한 매물은 기본적으로 전·월세를 끼고 레버리지를 활용하려는 투자자들만 관심을 가지는 물건이다 보니 일반 물건에 비해 수요자가 상당히 적을 수밖에 없다. 따라서 가격도 일반 물건보다 더 저렴하게 나왔거나 혹은 더 낮게 흥정이 가능한 경우가 많다.

자금의 여유가 있는 투자자라면 일반 물건보다 전·월세 기간이 남은 물건을 노리는 것도 괜찮다. 기존 임차인의 임대료가 현 시세보다 낮아 처음에는 투자에 들어가는 돈이 더 많을 수 있지만, 어차피 시간이 지나면서 그들의 계약 기간이 끝나는 시점은 다시 돌아오기 마련이다. 그리고 이때는 정상 가격으로 임대하거나 매각할 수 있고, 결국 싸게 매입한 만큼 더 큰 수익을 안겨 줄 것이다.

법적 효력이 있는 계약서, 꼼꼼하게 작성하는 요령

전세 가격이 상승하고 부동산 경기가 좋아지면 매매를 생각하는 사람들이 많아진다. 매매 계약을 체결하는 경우, 보통 공인 중개사 사무실을 통하거나 매도인과 매수인이 직접 계약서를 작성하고 '계약금'을 지불한다. 이후에는 계약서에 기재된 일정에 따라 '중도금'과 '잔금'을 납입하고, 최종적으로 매수인이 '소유권'을 취득하게 된다.

이러한 거래 과정은 법적으로 상당히 중요한 부분인데, 계약 당시에는 대수롭지 않게 여기다가 나중에 분쟁이 발생하고 나서야 후회하는 경우가 많다. 그러므로 계약 자체로만 모든 것이 끝났다고 마음을 놓아서는 안 된다. 계약서를 작성하고 소유권을 넘겨받기까지 반드시 확인하고 지켜야 할 중요한 사항 몇 가지가 있는데, 이에 대해 이야기해 보고자 한다.

1 거래 당사자의 '인적 사항'을 정확히 확인하라

계약서는 매매 또는 임대차에 대한 서로 간의 약속을 문서화하는 것이기 때문에 신중하게 작성해야 한다. 분쟁이 발생하는 경우, 실체로 존재하는 계약서가 '법적 판단의 중요한 근거'가 되기 때문이다.

일반적으로 계약서 작성 시 확인해야 할 필수적인 내용에는 계약 당사자의 인적 사항, 매매 금액 및 지급 방법, 부동산 인도 방법, 그리고 계약 위반 시 배상 문제 등이 있다. 이 중에서도 제일 먼저 확인해야 하는 것은

'계약 당사자(소유주)의 인적 사항'이다.

본 계약을 증명하기 위하여 계약 당사자가 이의 없음을 확인하고 각각 서명·날인 후 매도인, 매수인 및 개업공인중개사는 매장마다 간인하여야 하며, 각각 1통씩 보관한다.							년	월	일
매 도 인	주 소								
	주민등록번호			전 화		성 명			㊞
	대 리 인	주소		주민등록번호		성 명			
매 수 인	주 소								
	주민등록번호			전 화		성 명			㊞
	대 리 인	주소		주민등록번호		성 명			
개 업 공 인 중 개 사	사무소소재지			사무소소재지					
	사무소명칭			사무소명칭					
	대 표	서명및날인	㊞	대 표	서명및날인				㊞
	등 록 번 호		전화	등 록 번 호			전화		
	소속공인중개사	서명및날인	㊞	소속공인중개사	서명및날인				㊞

KAR 한국공인중개사협회

| 표준 매매 계약서 양식 중 거래 당사자 기입란 |

주민 등록증이나 운전면허증 등으로 소유주(임대인)의 신분을 확인함과 동시에 등기부 등본의 갑구에 나오는 소유주 명의와 주민등록번호가 일치하는지 필수적으로 확인해야 한다. 만약 소유주가 아닌 제삼자(예를 들면 배우자)가 대리 계약하는 경우, 소유주의 인감 증명서와 위임장을 수령하고 소유주뿐 아니라 대리인의 신분도 철저히 확인하는 것이 좋다.

2 '특약 사항'을 꼭 계약서에 기재하라

공인 중개업소를 통해 계약할 때는 보통 '표준 매매 계약서' 양식을 준용하여 작성하므로 거래에 필수적인 내용이 대부분 포함되어 있다. 공인 중개사들 역시 중요 내용을 제대로 기입하지 않아 나중에 분쟁이 발생하게 되는 것을 원치 않기 때문이다.

하지만 모든 부동산 거래가 똑같은 조건에서 이루어지는 것이 아닌 만큼, 부동산의 종류 및 매도인(임대인)과 매수인(임차인)의 상황에 따라 다양한 형태의 거래 사례가 발생하게 된다. 따라서 각자의 상황에 맞게 상호 협의한 내용을 계약서의 특약 사항으로 반드시 기입해야 한다. 이를 통해 분쟁이 발생할 소지를 사전에 최대한 차단할 수 있고, 만약 다툼이 생기더라도 잘잘못과 책임 소재를 판단할 수 있는 중요한 근거가 된다.

예를 들어, 가스레인지나 냉장고, 에어컨과 같은 빌트인 시설물이 포함된 오피스텔의 임대차 계약 기간이 끝나서 새로운 임차인이 들어오는 경우, 고장이 난 시설물이 있으면 수리를 해줘야 한다. 이때, 전 임차인에게 고장이 난 시설물에 대해 원상회복을 요청하더라도 원래부터 고장이 나 있었다고 주장하게 되면 책임 소재가 불분명해 다툼이 발생할 수 있다.

임대차 거래를 할 때 필자는 계약서를 쓸 때부터 다음과 같이 특약 사항으로 시설물 파손의 책임과 복구에 대해 명시한다. 이처럼 매매 또는 임대차 계약 시, 상황에 맞게 특약 사항을 활용하여 뒤늦게 후회하는 일이 없도록 하자.

| 표준 임대차 계약서 양식 중 특약 사항 기입란 |

계약금과 중도금, 잔금을 입금하기 전에는 등기부 등본을 발급받아 이상 유무가 있는지 꼭 확인해야 한다. 거주를 위해 부동산을 매입할 때, 대부분의 사람들은 이전에 거주하던 곳의 보증금이나 매도한 금액을 가지고 새로 거주할 곳의 잔금을 납부하게 된다. 만약 어느 한 단계라도 어긋나게 되면 소유권 이전에 문제가 생기고, 오지도 가지도 못하는 상황에 처할 수 있다.

특히 전·월세 임대차 계약의 경우에는 등기부 등본을 통해 임대인이 추가로 대출을 받지 않았는지 반드시 확인해야 한다. 계약 당시에는 대출이 없었지만, 잔금 지급 직전에 임대인이 대출을 받아 임차인의 권리가 후순위로 밀려 낭패를 당하는 경우가 지금도 가끔 발생하고 있기 때문이다.

일반적으로 '표준 매매 계약서'에는 아래와 같이, 매도인이 소유권 이전의 제한 사유를 제거한 다음 매수인에게 이전해야 한다는 내용이 명시되어 있다.

제3조 (제한물권 등의 소멸) 매도인은 위의 부동산에 설정된 저당권, 지상권, 임차권 등 소유권의 행사를 제한하는 사유가 있거나, 제세공과 기타 부담금의 미납금 등이 있을 때에는 잔금 수수일까지 그 권리의 하자 및 부담 등을 제거하여 완전한 소유권을 매수인에게 이전한다.

하지만 '표준 임대차 계약서'는 소유권 이전이 아닌 임대차 계약을 위한 것이다 보니, 등기부 등본의 이상 유무로 인한 소유주(임대인)의 책임에 대해 별도로 명시되어 있지 않다. 따라서 잔금을 지급하기 전까지 대출이나 가압류와 같은 추가 상황이 발생하지 않도록 특약 사항에 "계약 시점이후 추가 변동 사항 없이 현 상태로 인도한다."와 같은 내용을 기재하면 도움이 된다.

4 '중개 대상물 확인 설명서'를 수령하라

공인 중개업소를 통한 계약인 경우에는 중개사가 의무적으로 작성하는 '중개 대상물 확인 설명서'를 꼭 확인한 후 수령해야 한다. 보통 매수인은 매도인에 비해 해당 부동산에 대한 정보가 상대적으로 부족할 수밖에 없다. 이와 같은 매도인과 매수인 간의 정보 불균형으로 인한 문제를 해소하기 위해 중개사가 부동산에 대한 정보를 확인하여 작성하고 설명하도록 하고 있다. 중개 대상물 확인 설명서에는 대상물의 '법적 권리관계', '건물의 상태' 및 '주변 여건'과 같은 계약서에 기재되지 않은 내용들이 담겨 있다.

따라서 매수인은 중개사가 제공하는 중개 대상물 확인 설명서가 계약서와 마찬가지로 향후 분쟁이 발생할 경우에 '법적 판단의 근거'로 활용할 수 있는 중요한 문서라는 사실을 인지하고, 서명하기 전에 꼼꼼히 확인해야 한다.

계약금과 중도금 입금의
중요성

1 계약금 입금 후 계약 해제 시 두 배를 보상해야 한다

부동산을 거래할 때 계약금은 통상적으로 매매 대금의 10%로 정한다. 하지만 부동산은 거래가가 큰 만큼 그 금액의 10%도 적지 않은 돈이므로 평소에 늘 준비하고 있기가 쉽지 않다. 게다가 계약하기로 마음을 먹었더라도, 매도인과 매수인의 일정을 조정해야 하므로 곧바로 만나기 어려운 것이 현실이다.

그러다 보니 계약서를 작성하기 전에 서로 계약할 것을 구두로 약속하고, 먼저 실제 매매 대금의 10%보다 적은 금액을 '가계약금'의 형태로 입금하는 경우가 많다. 문제는 이 과정에서 부동산 시세가 더 오르거나 더 높은 가격에 계약하려는 사람이 나타날 때, 매도인이 구두 계약을 파기하려고 하는 사례가 종종 발생한다는 점이다.

하지만 현실에서는 가계약금도 계약금으로 인정하고 있으며, 계약을 파기하는 경우 '민법 제565조'에 의거 계약금의 두 배를 상대방에게 주도록 하고 있다. 이는 매도인과 계약할 것을 구두로 합의하고 매도인의 통장에 가계약금을 넣었다면, 계약서를 정식으로 작성하지 않았더라도 이미 계약이 실행되고 있는 것으로 판단함을 의미한다.

제565조 (해약금) ① 매매의 당사자 일방이 계약 당시에 금전 기타 물건을 계약금, 보증금 등의 명목으로 상대방에게 교부한 때에는 당사자 간에 다른 약정이 없는 한 당사자의 일방이 이행에 착수할 때까지 교부자는 이를 포기하고 수령자는 그 배액을 상환하여 매매계약을 해제할 수 있다.

② 제551조 (계약의 해제와 손해배상)의 규정은 전항의 경우에 이를 적용하지 아니한다.

| 〈참고 법령〉 민법 제565조 |

최근에는 매매나 임대차 계약 체결 과정에서 계약금의 일부(가계약금)만 받았어도 그 수령자가 계약을 해지할 때는 '실제 받은 계약금'이 아니라 '약정했던 전체 계약금'을 해약금의 기준으로 해야 한다는 새로운 대법원 판결(2014다231378)이 나왔다.

"집 매매 계약금 일부만 받았어도 해지할 땐 전체 계약금 물어줘야"

대법원 판결

부동산 매매계약을 해지하려면 약정한 계약금의 일부만 받았어도 전체 계약금을 상대에게 물어줘야 한다는 대법원 판결이 나왔다. 대법원 3부(주심 김신 대법관)는 아파트를 사려고 했던 김모씨가 팔려고 했던 주모씨를 상대로 낸 손해배상 청구 소송에서 원고 일부 승소로 판결한 원심을 확정했다고 30일 밝혔다. 재판부는 "원심의 판단에는 계약금 등에 관한 법리를 오해한 잘못이 없다"고 말했다.

김씨는 2013년 3월 서울 서초구의 아파트를 11억원에 사기로 주씨와 계약했다. 계약금 1억1000만원 가운데 1000만원은 당일에 주고 나머지 1억원은 다음 날 주씨의 은행 계좌로 넘기로 했다. 다음날 주씨는 "시세보다 지나치게 싼값에 계약했다"는 이유로 계약을 해지하겠다며 나머지 계약금을 받기로 했던 계좌를 폐쇄했다.

민법 565조 1항은 '매매의 당사자 일방이 상대방에게 계약금을 줬을 때 준 사람은 이 돈을 포기하고 받은 사람은 그 배액을 줌으로써 매매계약을 해제할 수 있다'고 돼 있다. 두 사람은 계약서에서 이 내용을 확인했으며 재무불이행에 따

른 손해배상에도 계약금인 1억1000만원으로 정했다. 그러나 주씨는 먼저 받았던 1000만원의 두 배인 2000만원만 해약금으로 공탁했다. 김씨가 준 1000만원을 돌려주면서 여기에 자신의 돈 1000만원을 얹은 것이다.

김씨는 계약 해지를 통보받은 뒤 손해배상 소송을 냈다. 소송에서 김씨는 "해약금의 기준은 실제 받은 돈이 아닌 애초에 약정한 전체 계약금"이라고 주장했다. 주씨는 "계약금 일부만 받은 상황이니 받은 돈의 배를 배상하면 계약을 해지할 수 있다"고 맞섰다.

법원은 "전체 계약금을 해약금 기준으로 삼아야 한다"며 김씨의 손을 들어줬다. 재판부는 "실제 받은 돈의 배만 돌려주고 계약을 해지할 수 있다면 이는 당사자가 일정한 금액을 계약금으로 정한 의사에 반하게 된다"고 설명했다.

다만 법원은 이번 사건이 해약금 청구 소송이 아닌 손해배상 청구 소송인 점을 감안해 주씨가 김씨에게 8700만원만 주도록 했다. 원고를 대리한 로디스 합동법률사무소의 최광석 변호사는 "대법원이 해약금 기준을 전체 계약금이라고 명확히 밝힌 것은 이번이 처음이라고 말했다. 양병훈 기자 hun@hankyung.com

| 해약금의 기준을 전체 계약금으로 한다는 판결에 대한 기사 |

이 판결은 실제 받은 계약금의 배액만 상환해 매매 계약을 해지할 수

있다면 이는 당사자가 일정한 금액을 계약금으로 정한 애초의 의사에 반할 뿐 아니라 받은 금액이 소액인 때에는 사실상 계약을 자유롭게 해지할 수 있어 계약의 구속력이 약화된다는 판단에 의한 것이다. 하지만 아직까지 실제 현장에서는 가계약금의 두 배를 물어주는 선에서 서로 합의하여 정리하는 경우가 많다.

중요한 점을 다시 정리해 보면, 일단 구두 계약에 따른 '가계약금'도 계약금으로 인정한다는 것, 그리고 계약을 파기하려면 '약정 계약금의 배액'을 보상해야 한다는 것이다. 그러므로 좋은 물건이라 판단이 되면 가계약금이라도 빨리 입금하여 선점하는 것이 훨씬 유리하다는 것을 알 수 있다.

한편, 현장에서는 가끔 "계약금을 받았어도 24시간 이내에 돌려주면 합법적으로 계약을 해지할 수 있다."고 하는데, 이는 틀린 말이다. 만약 이 말이 효력이 있으려면 계약서의 특약 사항에 그러한 내용을 기재해야만 하므로 주의하기 바란다.

2 중도금 입금 시 계약을 해지할 수 없다

과거에는 부동산 거래 시, 계약금 → 중도금 → 잔금의 3단계로 거래 대금을 지급하는 것이 일반적이었다. 하지만 지금은 과거와는 달리 대출에 대한 의존도가 높아져 잔금 기일에 대출을 받아 중도금 없이 한꺼번에 잔금을 치르는 경우가 많아졌다. 그런 이유로 중도금에 대한 약정이 많이 사라지는 추세인데, 계약 진행 단계에서 중도금은 상당히 중요한 의미를 지니고 있다. 중도금을 입금한 이후에는 원칙적으로 계약의 해지가 불가능하기 때문이다.

실제 대법원 판례를 보면, '중도금을 지급한 행위'는 민법 제565조의

'이행의 착수'에 해당된다고 보고 있어 중도금까지 치른 상태에서는 한쪽에서 일방적으로 계약을 파기할 수 없다고 한다. 앞에서 보았던 민법 제565조를 다시 한 번 살펴보자. 당사자의 일방이 이행에 착수할 때까지 계약을 해지할 수 있다는 말은 이행이 착수되면 해지할 수 없다는 의미가 된다.

> **제565조 (해약금)** ① 매매의 당사자 일방이 계약 당시에 금전 기타 물건을 계약금, 보증금 등의 명목으로 상대방에게 교부한 때에는 당사자 간에 다른 약정이 없는 한 당사자의 일방이 이행에 착수할 때까지 교부자는 이를 포기하고 수령자는 그 배액을 상환하여 매매계약을 해제할 수 있다.
> ② 제551조 (계약의 해제와 손해배상)의 규정은 전항의 경우에 이를 적용하지 아니한다.
>
> | 〈참고 법령〉 민법 제565조 |

또한 중도금 지급 기일 전에 미리 중도금을 지급한 경우도 정당한 절차로 인정되고 있다. 과거 대법원 판례(2004다11599)를 보면, 매매 계약 체결 후 부동산 시세 상승이 예상되자 계약이 파기될 것을 우려한 매수인이 중도금(또는 잔금 중 일부)을 약속한 날짜 이전에 먼저 입금한 사례가 있었다. 2000년대 초·중반 부동산 가격이 급등하던 시기에, 아직 계약금만을 받은 매도인은 계약을 해지하려 하고, 매수인은 계약을 유지하고자 하는 상황에서 발생한 분쟁이었다.

법원은 이행을 금지하는 별도의 특약이 없고, 시세가 상승한다고 해서 이미 체결한 매매 계약의 기초적 사실 관계가 변경되지 않는다는 이유로 매도인이 계약을 파기할 수 없다고 판결했다.

앞으로도 부동산 시장 상승기에는 이와 유사한 분쟁 사례가 반복적으로 발생할 가능성이 매우 높다. 따라서 매수인의 입장에서는 부동산을 계약할 때 가능한 소액이라도 중도금 일정을 잡는 것이 유리하다. 그리고 계약서 특약 사항에 중도금(잔금) 납입 전에 이행을 금지하는 별도 특약을 아예 배제하는 것이 계약 해지의 가능성을 미리 막을 수 있는 방법이라는 것을 꼭 기억하도록 하자.

참고

계약금을 비롯한 거래 금액 입금 시 주의할 점

계약금이나 중도금을 입금할 때, 가능하면 등기부 등본상의 '소유주' 명의 통장에 입금하는 것이 좋다. 계좌 입금 내역이 거래 금액을 지급한 사실 자체를 증명하여 법적 분쟁의 소지가 줄어들기 때문이다. 만약 상황에 따라 소유주가 아닌 '대리인'의 통장으로 입금해야 하는 경우, 계약서의 특약 사항 기입란에 지급 방법, 소유주와 대리인의 관계 등을 함께 명시하는 것이 안전하다.

부 동 산 매 매 계 약 서

매도인과 매수인 쌍방은 아래 표시 부동산에 관하여 다음 계약 내용과 같이 매매계약을 체결한다.

1.부동산의 표시

소 재 지							
토 지	지 목		대지권		면 적		㎡
건 물	구조용도				면 적		㎡

2. 계약내용

제 1 조 (목적) 위 부동산의 매매에 대하여 매도인과 매수인은 합의에 의하여 매매대금을 아래와 같이 지불하기로 한다.

매매대금	금			원정(₩			)
계약금	금		원정은 계약시에 지불하고 영수함. 영수자(				㊞)
융자금	금	원정(	은행)을 승계키로 한다.	임대보증금	총	원정을 승계키로 한다.	
중도금	금			원정은	년	월	일에 지불하며
	금			원정은	년	월	일에 지불한다.
잔 금	금			원정은	년	월	일에 지불한다.

제 2 조 (소유권 이전 등) 매도인은 매매대금의 잔금 수령과 동시에 매수인에게 소유권이전등기에 필요한 모든 서류를 교부하고 등기절차에 협력하며, 위 부동산의 인도일은 _____년 _____월 _____일로 한다.

제 3 조 (제한물권 등의 소멸) 매도인은 위의 부동산에 설정된 저당권, 지상권, 임차권 등 소유권의 행사를 제한하는 사유가 있거나, 제세공과 기타 부담금의 미납금 등이 있을 때에는 잔금 수수일까지 그 권리의 하자 및 부담 등을 제거하여 완전한 소유권을 매수인에게 이전한다. 다만, 승계하기로 합의하는 권리 및 금액은 그러하지 아니하다.

제 4 조 (지방세 등) 위 부동산에 관하여 발생한 수익의 귀속과 제세공과금 등의 부담은 위 부동산의 인도일을 기준으로 하되, 지방세의 납부의무 및 납부책임은 지방세법의 규정에 의한다.

제 5 조 (계약의 해제) 매수인이 매도인에게 중도금(중도금이 없을때에는 잔금)을 지불하기 전까지 매도인은 계약금의 배액을 상환하고, 매수인은 계약금을 포기하고 본 계약을 해제할 수 있다.

제 6 조 (채무불이행과 손해배상) 매도인 또는 매수인이 본 계약상의 내용에 대하여 불이행이 있을 경우 그 상대방은 불이행한자에 대하여 서면으로 최고하고 계약을 해제할 수 있다. 그리고 계약당사자는 계약해제에 따른 손해배상을 각각 상대방에게 청구할 수 있으며, 손해배상에 대하여 별도의 약정이 없는 한 계약금을 손해배상의 기준으로 본다.

제 7 조 (중개보수) 개업공인중개사는 매도인 또는 매수인의 본 계약 불이행에 대하여 책임을 지지 않는다. 또한, 중개보수는 본 계약체결과 동시에 계약 쌍방이 각각 지불하며, 개업공인중개사의 고의나 과실없이 본 계약이 무효ㆍ취소 또는 해제되어도 중개보수는 지급한다. 공동 중개인 경우에 매도인과 매수인은 자신이 중개 의뢰한 개업공인중개사에게 각각 중개보수를 지급한다.(중개보수는 거래가액의 _____%로 한다.)

제 8 조 (중개보수 외) 매도인 또는 매수인이 본 계약 이외의 업무를 의뢰한 경우 이에 관한 보수는 중개보수와는 별도로 지급하며 그 금액은 합의에 의한다.

제 9 조 (중개대상물확인ㆍ설명서 교부 등) 개업공인중개사는 중개대상물 확인ㆍ설명서를 작성하고 업무보증관계증서(공제증서 등) 사본을 첨부하여 계약체결과 동시에 거래당사자 쌍방에게 교부한다.

특약사항

_____
_____
_____
_____

본 계약을 증명하기 위하여 계약 당사자가 이의 없음을 확인하고 각각 서명날인 후 매도인, 매수인 및 개업공인중개사는 매장마다 간인하여야 하며, 각각 1통씩 보관한다. _____년 _____월 _____일

매도인	주 소						
	주민등록번호			전 화		성 명	㊞
	대 리 인	주소		주민등록번호		성 명	
매수인	주 소						
	주민등록번호			전 화		성 명	㊞
	대 리 인	주소		주민등록번호		성 명	
개업공인중개사	사무소소재지			사무소소재지			
	사 무 소 명칭			사 무 소 명칭			
	대 표	서명및날인	㊞	대 표	서명및날인		㊞
	등 록 번 호		전화	등 록 번 호		전화	
	소속공인중개사	서명및날인	㊞	소속공인중개사	서명및날인		㊞

KAR 한국공인중개사협회

| 양식 1 - 표준 부동산 매매 계약서 |

부 동 산 임 대 차 계 약 서

☐ 전세　☐ 월세

임대인과 임차인 쌍방은 아래 표시 부동산에 관하여 다음 계약내용과 같이 임대차계약을 체결한다.

1.부동산의 표시

소 재 지						
토 지	지 목			면 적		㎡
건 물	구조·용도			면 적		㎡
임대할부분				면 적		㎡

2. 계약내용

제 1 조 (목적) 위 부동산의 임대차에 한하여 임대인과 임차인은 합의에 의하여 임차보증금 및 차임을 아래와 같이 지불하기로 한다.

보 증 금	금		원정은 (₩	)
계 약 금	금		원정은 계약시에 지불하고 영수함. 영 수 자(㊞)	
중 도 금	금		원정은　　　년　　　월　　　일에 지불하며	
잔 금	금		원정은　　　년　　　월　　　일에 지불한다.	
차 임	금		원정은 매월　　　일에 선불로 지불한다.	

제 2조 (존속기간) 임대인은 위 부동산을 임대차 목적대로 사용·수익할 수 있는 상태로　　　년　　　월　　　일까지 임차인 에게 인도하며, 임대차 기간은 인도일로부터　　　년　　　월　　　일까지로 한다.

제 3조 (용도변경 및 전대 등) 임차인은 임대인의 동의없이 위 부동산의 용도나 구조를 변경하거나 전대임차권 양도 또는 담보제공을 하지 못하며 임대차 목적 이외의 용도로 사용할 수 없다.

제 4조 (계약의 해지) 임차인이 계속하여 2회 이상 차임의 지급을 연체하거나 제3조를 위반하였을 때 임대인은 즉시 본 계약을 해지 할 수 있다. 기한 내에 임대차물건을 명도하지않는경우에는 임대인은 임차인소유의 물건을 적절한 장소로 철거할 수 있는 것을 상호간에 협의하며 승낙한다. 이 경우에 발생되는 모든 비용은 임차인의 부담으로 한다.

제 5조 (계약의 종료) 임대차계약이 종료된 경우에 임차인은 위 부동산을 원상으로 회복하여 임대인에게 반환한다. 이러한 경우 임대인은 보증금을 임차인에게 반환하고, 연체 임대료 또는 손해배상금이 있을 때는 이들을 제하고 그 잔액을 반환한다.

제 6조 (계약의 해제) 임차인이 임대인에게 중도금(중도금이 없을때는 잔금)을 지불하기 전까지, 임대인은 계약금의 배액을 상환하고, 임차인은 계약금을 포기하고 이 계약을 해제할 수 있다.

제 7조 (채무불이행과 손해배상) 임대인 또는 임차인이 본 계약상의 내용에 대하여 불이행이 있을경우 그 상대방은 불이행한 자에 대하여 서면으로 최고하고 계약을 해제 할 수 있다. 그리고 계약 당사자는 계약해제에 따른 손해배상을 각각 상대방에 대하여 청구 할 수 있으며, 손해배상에 대하여 별도의 약정이 없는 한 계약금을 손해배상의 기준으로 본다.

제 8조 (중개수수료) 부동산중개업자는 임대인과 임차인이 본 계약을 불이행 함으로 인한 책임을지지 않는다. 또한, 중개수수료는 본 계약체결과 동시에 계약 당사자 쌍방이 각각 지불하며, 중개업자의 고의나 과실없이 본 계약이 무효취소 또는 해약되어도 중개수수료는 지급한다. 공동중개인 경우에 임대인과 임차인은 자신이 중개 의뢰한 중개업자에게 각각 중개수수료를 지급한다.(중개수수료는 거래가액의　　　%로 한다.)

제 9 조 (중개대상물확인·설명서 교부등)중개업자는 중개대상물 확인·설명서를 작성하고 업무보증관계증서(공제증서등) 사본을 첨부하여　　　년　　　월　　　일 거래당사자 쌍방에게 교부한다.

특약사항

본 계약을 증명하기 위하여 계약 당사자가 이의 없음을 확인하고 각각 서명·날인 후 임대인, 임차인 및 중개업자는 매장마다 간인하여야 하며, 각 1통씩 보관한다.　　　　　　　　　　　　　　　　　　　　　　　　　　　　　　　　年　　　　月　　　　日

임대인	주 소							㊞
	주민등록번호			전 화		성 명		
	대 리 인	주소		주민등록번호		성 명		
임차인	주 소							㊞
	주민등록번호			전 화		성 명		
	대 리 인	주소		주민등록번호		성 명		
중개업자	사무소소재지			사무소소재지				
	사무소명칭			사무소명칭				
	대 표	서명·날인	㊞	서명·날인				㊞
	등 록 번 호		전화	등록번호		전 화		
	소속공인중개사	서명·날인	㊞	서명·날인				㊞

KAR 한국공인중개사협회

| 양식 2 – 표준 부동산 임대차 계약서 |

중개대상물 확인·설명서[I] (주거용 건축물)

([ ] 단독주택 [ ] 공동주택 [ ] 매매·교환 [ ] 임대)

※ [ ]에는 해당하는 곳에 √표를 합니다.

확인·설명 자료	확인·설명 근거자료 등	[ ] 등기권리증 [ ] 등기사항증명서 [ ] 토지대장 [ ] 건축물대장 [ ] 지적도 [ ] 임야도 [ ] 토지이용계획확인서 [ ] 그 밖의 자료( )
	대상물건의 상태에 관한 자료요구 사항	

유의사항		
개업공인중개사의 확인·설명 의무	개업공인중개사는 중개대상물에 관한 권리를 취득하려는 중개의뢰인에게 성실·정확하게 설명하고, 토지대장 등본, 등기사항증명서 등 설명의 근거자료를 제시하여야 합니다.	
실제거래가격 신고	「부동산거래신고에 관한 법률」 제3조 및 같은 법 시행령 제2조제1항제6호에 따른 실제 거래가격은 매수인이 매수 한 부동산을 양도하는 경우 「소득세법」 제97조제1항 및 제7항과 같은 법 시행령 제163조제11항제2호에 따라 취 득 당시의 실제 거래가격으로 보아 양도차익이 계산될 수 있음을 유의하시기 바랍니다.	

I. 개업공인중개사 기본 확인사항

① 대상물건의 표시	토 지	소재지				
		면적(㎡)		지 목	공부상 지목	
					실제이용 상태	
	건축물	전용면적(㎡)			대지지분(㎡)	
		준공년도 (증개축년도)		용도	건축물대장상 용도	
					실제 용도	
		구조		방향	(기준:)	
		건축물대장상 위반건축물 여부	[ ] 위반 [ ] 적법	위반내용		

② 권리관계	등기부 기재사항	소유권에 관한 사항		소유권 외의 권리사항	
		토지		토지	
		건축물		건축물	

③ 토지이용 계획, 공법상 이용 제한 및 거래 규제에 관한 사항(토지)	지역·지구	용도지역			건폐율 상한	용적율 상한
		용도지구			%	%
		용도구역				
	도시·군계획 시설	허가·신고 구역 여부	[ ] 토지거래허가구역		[ ] 주택거래신고지역	
		투기지역 여부	[ ] 토지투기지역 [ ] 주택투기지역 [ ] 투기과열지구			
	지구단위계획구역, 그 밖의 도시·군관리계획		그 밖의 이용제한 및 거래규제사항			

④입지조건	도로와의 관계	(m × m)도로에 접함 [ ] 포장 [ ] 비포장		접근성	[ ] 용이함 [ ] 불편함	
	대중교통	버스	( )정류장,	소요시간: ([ ] 도보, [ ] 차량) 약 분		
		지하철	( )역,	소요시간: ([ ] 도보, [ ] 차량) 약 분		
	주차장	[ ] 없음 [ ] 전용주차시설 [ ] 공동주차시설 [ ] 그 밖의 주차시설( )				
	교육시설	초등학교	( )학교,	소요시간: ([ ] 도보, [ ] 차량) 약 분		
		중학교	( )학교,	소요시간: ([ ] 도보, [ ] 차량) 약 분		
		고등학교	( )학교,	소요시간: ([ ] 도보, [ ] 차량) 약 분		
	판매 및 의료시설	백화점 및 할인매장	( ),	소요시간: ([ ] 도보, [ ] 차량) 약 분		
		종합의료시설	( ),	소요시간: ([ ] 도보, [ ] 차량) 약 분		

⑤관리에 관한사항	경비실	[ ] 있음 [ ] 없음	관리주체	[ ] 위탁관리 [ ] 자체관리 [ ] 그 밖의 유형

210mm×297mm[백상지 80g/㎡(재활용품)]

| 양식 3 – 중개 대상물 확인 설명서 |

※ 계약서에 기재되지 않은 내용들이 담겨 있지만, 계약서와 마찬가지로 향후 분쟁이 발생할 경우에 '법적 판단의 근거'로 활용할 수 있는 중요한 문서이다.

2.
시세 차익이 큰
아파트를 찾는 방법

도장 찍는 순간 돌이킬 수 없다!
현장 조사가 답이다!

계약을 하고 나서, 주변에 부적절한 시설이 있거나 일조권 침해와 같은 예상치 않은 문제가 있다는 것을 발견했다면 어떻게 해야 할까? 계약서에 첨부하여 해당 부동산의 상태에 대한 정보를 제공하는 '중개 대상물 확인 설명서'를 아무리 꼼꼼하게 확인하더라도 모든 문제를 파악할 수 있는 것은 아니다.

이로 인한 분쟁으로 실제 계약 불이행 상황(매수인이 잔금을 납부하지 않고 기한이 경과된 상황)이 발생할 때, 공인 중개사가 책임을 지는 경우는 거의 없다. 따라서 매수인은 계약하기 전에, '철저한 현장 조사'를 통해 매입하려는 부동산이 실거주 및 투자에 적합한지를 스스로 판단해야 한다.

1 제일 먼저 지도에 익숙해져라

현장 조사에 앞서, '지도'를 꼼꼼히 확인하는 습관을 가져야 한다. 지도는 부동산의 위치를 찾는 데 필요하기도 하지만, 주변의 상권이나 거주 환경, 출퇴근 거리 등 다양한 정보를 얻을 수 있는 기본적인 도구이다. 특히 네이버나 다음과 같은 포털 사이트에서는 지도 외에도 '로드뷰' 서비스를 통해 특정 지역의 실제 모습을 제공한다. 이것은 해당 부동산과 주변 지역을 생생하게 파악하는 데 많은 도움이 된다.

| 특정 지역의 실제 모습을 확인할 수 있는 '네이버 로드뷰' |

그리고 지도를 확대해 살펴보면, 이곳이 지역 내에서 중심지인지 아닌지를 판단하거나 주변 지역의 개발에 따라 입지 여건이 개선될 소지가 있는지 파악할 수도 있다. 이와 같이 지도에서 얻을 수 있는 정보들을 먼저 확인하고 현장에 나가야만 더욱 효율적이고 정확한 조사를 할 수 있다.

현장을 답사할 때는 우선 '해당 지역의 입지'를 확인하고, 그 다음에 '대상 주택'을 자세히 살펴보기 바란다.

해당 지역의 '입지' 분석

지도를 통해 파악한 정보를 근거로 실제 주변 상권과 교통 여건 등이 서로 일치하는지 직접 확인해야 한다. 로드뷰는 실시간으로 업데이트되는 것이 아니기 때문에 몇 개월 전, 심지어는 몇 년 전의 모습을 보여주는 경우도 많다. 시간이 지남에 따라 여러 가지 상황들이 바뀌었을 가능성이 있고, 지도만으로는 알 수 없었던 새로운 사실을 발견할 수도 있다. 아래의 두 사진을 보면, 실제 현장에서 찍은 모습이 로드뷰로 확인한 것과 확연히 다르다는 것을 알 수 있다.

| 로드뷰 이미지(왼쪽)와 실제 현장 사진(오른쪽) |

향후 해당 지역에 들어설 시설이나 개발 계획이 있는지, 그리고 주변에 주거 환경으로 부적합한 시설이 있는지도 확인해야 한다. 특히, 혐오 시설은 현재 눈에 보이는 것뿐 아니라 앞으로 예정된 시설이 있는지 반드시 알아볼 필요가 있다.

이때 그 지역에 거주하고 있는 사람들을 통해 주변을 탐문하거나 공인

중개사의 정보를 잘 활용하면 좋다. 공인 중개사는 그 지역의 네트워크를 가지고 있는 경우가 많아 지역 내 고급 정보를 일반인들보다는 훨씬 더 많이 알기 때문이다.

대상 주택의 '시세' 조사

아파트나 다세대 주택은 '방향'과 '층'에 따라 가격 차이가 많이 나고, 최근에는 '주차 공간'의 여유나 단지 내 커뮤니티와 같은 '편의 시설'의 유무가 매매가와 전세가에 상당한 영향을 주고 있다. 따라서 '○○ 아파트의 ○○평 가격은 얼마'라는 식이 아니라, 범위를 좁혀서 매물의 특성에 따라 개별적으로 시세 파악을 해야 한다.

그리고 중개업소마다 조금씩 다른 시세를 이야기하기도 하므로 여러 중개업소를 방문하여 조사할 필요가 있다. 특히 다세대 주택은 아파트에 비해 개별적인 특성이 뚜렷하여 매물마다 가격의 편차가 더 크기 때문에 더욱더 세밀하게 조사해야 한다. 매물의 시세와 급매가, 그리고 실제 거래 가격을 동시에 확인하고 비교함으로써 수익을 낼 수 있는 적절한 거래 가격을 판단할 수 있어야 한다.

대상 주택의 '하자 여부' 확인

연립, 빌라와 같은 다세대 주택은 '하자 여부'에 더 신경을 써야 한다. 아파트는 관리 사무소에서 일괄적으로 시설물 관리를 하지만, 다세대 주택은 건물 관리의 주체가 상당히 모호해서 관리 소홀로 인한 문제가 자주 일어나기 때문이다. 옥상이나 벽면의 균열을 방치하면 누수 등의 하자가 발생할 가능성이 많다. 그리고 좁은 토지에 건물이 빽빽하게 들어서 있는 경우에는 조망이 나쁠 뿐 아니라 일조량 부족으로 내부 공간이 습해져서 곰팡이가 쉽게 생긴다.

| 누수의 원인이 되는 벽돌 사이 줄눈 부식과 외벽 균열 |

중요한 것은 한 번의 현장 조사로 이러한 문제점들을 모두 발견하기가 쉽지 않다는 점이다. 따라서 다세대 주택을 매입할 때는 되도록 여러 차례 현장을 방문하여 거주에 문제가 되는 하자가 있는지 꼼꼼히 확인해야 한다. 그래야만 더 낮은 가격으로 협상해 매입할 것인지, 아니면 매입을 포기할 것인지를 현명하게 결정할 수 있다.

3 '지역 커뮤니티'를 전담 비서로 활용하라

대상 주택의 하자 여부는 현장 조사를 통해 직접 확인할 수 있다. 하지만 특정 지역에 앞으로 무엇이 들어서고, 어떻게 개발될 것인지는 당장 눈으로 확인하기가 어려우므로, 제대로 조사하는 방법을 알지 못해 난감해하는 사람들이 많이 있다. 또한 필요에 따라서 학군, 학교의 평판이나 면학 분위기, 학원 정보 등에 대해서 파악해야 하는데, 지역 사람들이나 알 만한 세세한 정보를 외부 사람이 정확하게 알기가 쉽지 않다.

필자 역시 투자를 결정하는 과정에서 '지역 정보 부족'에 대한 갈증을 많이 느꼈다. 하지만 몇 번의 시행착오와 고민을 거친 끝에 쉽고 빠르게 지역 정보를 찾을 수 있는 방법을 발견했다. 그것은 바로, 인터넷 카페 형태로 운영하는 '지역 커뮤니티'를 활용하는 것이다.

| 부동산 관련 및 주부들의 지역 커뮤니티 카페 |

부동산 관련 카페나 지역 밀착형 카페에서는 수많은 사람들이 다양한 정보를 공유하고 서로 교류한다. 이러한 과정을 통해 다수의 회원으로부터 검증된 정보들은 그 지역의 현재 모습을 정확하게 반영하고 있어 해당 지역을 분석하는 데 매우 유용하게 활용할 수 있다.

예를 들어, 네이버의 '아름다운 내 집 갖기'라는 카페는 부동산에 관심이 많은 사람들이 참여해 지역별 개발 계획에 관한 신문 기사나 근거 자료 등 여러 정보를 함께 공유한다. 만약 '남양주 별내 지구'에 대해 관심이 있다면 카페 내 남양주 지역 게시판을 찾아 회원들이 올려놓은 다양한 정보들을 수집하고 정리하면 되는 것이다.

'지역 밀착형 카페' 중에서 가장 정보를 얻기 좋은 곳은 해당 지역의 '주부'들이 참여하는 카페이다. 예를 들면, '동탄 맘들 모여라'(동탄 권역), '일산 아지매'(일산 권역), '구리 남양주 맘'(구리 · 남양주 권역), '분당 판교 따라잡기'(분당 · 판교 권역), '은평 맘 톡톡'(서울 은평구 지역) 등이 대표적인 주부 커뮤니티이다.

이들 카페에서 서로 공유하는 지역 정보의 범위는 거의 무한대에 가깝다. 지역 내 개발 계획부터 학교, 학원, 병원, 음식점 등에 대한 신설 정보 및 평판을 실시간으로 공유하고, 심지어 지역 내 특정 이슈나 최근에 발생한 사건·사고까지 수많은 정보들을 주고받는다.(단, 가입 대상이 주부로 한정되어 있어, 필자는 아내의 명의로 가입해 정보를 검색하곤 한다.)

	제목	작성자	작성일	조회	좋아요
86152	**이케아** 내년에 **착공계획**이래요~ [10]		2015.11.25.	750	0
83045	원흥 **이케아**..곧 **착공**될 것 같아요. [34]		2015.11.10.	1263	0
40969	삼송: 고양시 자동차 클러스터 착공 기사 [11]		2015.01.28.	849	0
21803	[삼송지구소식] 신세계 하반기 **착공**한다고 발표했네요 [12]		2014.05.28.	840	0

│ 신세계 쇼핑몰 및 이케아 착공 일정을 공유하고 있는 │
고양 지역 커뮤니티 '삼원지 맘' 카페 게시판

위의 이미지는 주부 회원들이 특정 지역에 들어설 시설물 착공 시기에 대해 공유하고 있는 것을 보여주고 있다. 이들은 자신의 지역에 영향을 미칠 만한 호재나 악재에 대해 거의 실시간으로 상호 교류하고 있다. 평상시 그 지역에 관심을 두고 있지 않으면 알기 어려운 정보도 인터넷 지역 카페라는 매개체를 통한다면 보다 쉽고 빠르게 찾을 수 있는 것이다. 그러므로 인터넷에 존재하는 다양한 지역 커뮤니티를 잘 활용해 보자. 투자에 필수적인 '지역 정보 수집'을 위해 전담 비서로서의 역할을 톡톡히 해줄 것이다.

'학군' 파악으로 돈 되는 아파트 찾기

사람들은 자식이 잘 되기 바라는 마음에 이왕이면 좋은 교육 환경에서 공부를 시키고 싶어 한다. 자녀 교육을 위해 서당 근처로 이사를 했던 맹자의 어머니처럼, 우리나라 부모들은 좋은 학교나 좋은 학원 근처로 무리를 해서라도 집을 옮기려고 하는 것이다. 그러다 보니 공부를 잘하는 학교 주변이나 학원가로 유명한 지역, 다시 말해 학군이 좋은 곳은 교육 수요의 증가로 부동산 가격이 상승한 경우가 많다. 이러한 이유로 부동산 투자 관련 서적을 보면 어김없이 "학군이 좋은 곳에 투자를 해야 한다."는 이야기가 나온다.

하지만 필자는 이 논리에 의문을 품고 있는 사람 중 하나다. 학군이 좋은 곳은 이미 가격이 비싸기 때문이다. '학군 투자'는 큰 틀로 보면 간단하고 당연한 논리지만, 싸게 사서 비싸게 파는 투자의 기본 원칙에 위배되므로 투자자 입장에서는 어떻게 접근해야 할지 상당히 어려운 투자이기도 하다. 그래서 필자는 성공적인 학군 투자를 위해 이용할 수 있는, 단순화된 패턴 몇 가지를 정리해 보았다.

1 학군 투자의 핵심 키워드는 '초등학교'

신설 초등학교 주변이나 통학 거리가 가까운 곳을 노려라

학군을 파악하려면 중·고등학교보다 먼저 초등학교를 중점적으로 봐야 한다. 중·고등학교는 초등학교와 달리 면학 분위기나 입시 성적에 따른 '명문 학교'라는 이미지가 부동산에 큰 영향을 미친다. 그런데 처음 신설된 학교가 명문으로 인정받기까지는 상당한 시간이 소요될 수밖에 없고, 그때는 이미 주변 부동산 가격이 오를 대로 올라서 더 이상 투자처로서 적합하지 않다.

하지만 초등학교는 명문이라는 '학교 이미지'보다는 '통학 거리'가 부모들의 의사 결정에 더 큰 영향을 미친다. 만약 어린 자녀가 초등학교를 20분 이상 걸어가야 하거나 큰길을 건너야만 통학할 수 있는 상황이라면, 아이에게 위험이 닥치지는 않을까 항상 불안할 것이다. 맞벌이 부모라면 더욱 그러하다.

부모가 자녀를 걱정하는 마음은 모두 같으므로, 만약 내 집 바로 옆에 초등학교가 신설된다면 정말 기쁠 것이다. 통학 거리가 짧고 안전하게 오갈 수 있는 초등학교 주변의 집에 대한 수요는 당연히 증가할 수밖에 없다. 이와 같이 초등학교를 기준으로 투자처를 판단하는 것은 단순하면서도 성공 확률이 높은 방법이다.

초·중·고가 몰려 있으면 더욱 좋다

사람들은 신혼 생활을 방 2개짜리 다세대 주택이나 소형 아파트에서 시작하는 경우가 많다. 시간이 흘러 아이가 태어나고 자라게 되면 자녀 방을 만들어 주기 위해 더 넓은 집으로 옮기거나, 교육을 위해 학군이 좋은 곳으로 이사하기를 원한다. 하지만 살던 곳에 정이 들어 새로운 곳으로 이사하는 것이 부담스러운 것도 사실이다. 더구나 첫째와 둘째 아이가 중학교, 초등학교를 각각 다니게 된다면 어느 곳에 자리를 잡아야 할지 난감하다.

이런 고민을 하는 사람들에게는 초·중·고가 몰려 있는 곳이 대안이 될 수밖에 없다. 아이들이 초등학생에서 중학생으로, 중학생에서 고등학생으로 진급하면서 넓은 집으로 이사를 가게 되더라도 학교들이 몰려 있으니 기존 거주지 주변을 크게 벗어나지 않아도 된다. 전혀 모르는 곳으로 가야 하는 부담감과 걱정이 줄어드는 것이다.

그뿐만이 아니다. 학교 주변은 유흥업소와 같은 유해 시설이 일정 거리 안에서 영업하지 못하도록 법으로 규정되어 있다. 학교가 몰려 있는 지역에서는 그 제한 범위가 더 넓어지므로 다른 곳보다 주거 환경이 더 좋을 수밖에 없다. 다른 지역으로 이사할 이유가 전혀 없는 것이다.

외부에서는 들어오고 싶어 하고 기존 거주자들은 계속 머무르려고 하는 지역의 부동산 가격이 오르는 것은 너무나도 당연한 일이다. 이러한 이유로 필자는 신규 택지 개발 지구처럼 새로 생기는 지역에 신설 초등학교와 중·고등학교가 2개 이상 몰려 있는 곳을 매우 선호한다. 그 결과, 만족할 만한 투자 수익이 따르는 것은 물론이다.

| 초등학교와 중학교가 함께 있어 거주 수요가 많은 지역 |

2 명문 학군 투자는 미리 준비하라

중산층이 많이 거주하는 곳인지 살펴라

우리가 흔히 말하는 학군은 소형보다는 30평형대 이상의 주택이 많은 곳에서 그 영향력이 더 크다. 앞에서 말한 것처럼, 신혼부부나 어린 자녀가 함께 살기에는 소형 평형대가 편할지 몰라도, 아이가 자라면서 평수가 더 넓고 교육 환경이 좋은 곳으로 이사하기를 원한다. 이때 부모들은 소형보다는 30평형대를 더 선호하는데, 경제력이 뒷받침되는 중산층은 선호하는 30평형대로 많이 이동하게 된다.

중산층이 많이 이사해 들어오는 지역은 현재의 학군은 조금 떨어지더라도 점차 나아지는 경우가 많다. 이들이 자녀 교육에 많은 관심을 쏟게 되면 학교의 면학 분위기나 학원가 형성에 큰 영향력을 미치기 때문이다. 따라서 매입을 고려하고 있는 지역이 30평형 이상이 포진되어 있고, 중산층이 많이 거주하고 있는 곳이라면 상당히 좋은 위치라고 말할 수 있다.

명문 학교 주변을 투자한다면 침체기나 경매를 이용하라

명문 중·고등학교 주변은 이미 다른 지역보다 가격이 높을 수밖에 없다는 것을 설명했다. 실제로 부동산 가격 폭등 시기를 기억해 보면, 대치동이나 목동과 같은 곳의 집값은 아주 많이 올랐다. 하지만 반대로 침체기에 접어들었을 때는 아무리 좋은 학군이라도 큰 시세 하락을 막지 못했다. 투자하는 시기에 따라 편차가 매우 큰 것이다. 자녀 교육을 위해 무리해서 집을 샀는데 이후에 집값이 하락한 경우, 자녀가 공부를 잘한다면 위안이 되겠지만, 부모가 원하는 수준에 이르지 못한다면 이보다 더 속이 쓰릴 수는 없을 것이다.

따라서 자녀 교육을 위해 명문 학교 주변으로 이사하려고 한다면 아이가 초등학교를 다니기 이전부터 미리 준비해야 한다. 특히 명문 학군 투자로 시세 차익까지 얻으려면, 자녀가 어릴 때부터 준비하다가 부동산 시장의 침체기나 보합세인 시점에 '급매물' 투자로 접근하거나 '경매'로 시세보다 낮은 가격에 매입하는 것을 추천한다. 그리고 요즘과 같이 매매가 대비 전세가 비율이 높아 소액으로 '갭 투자'를 할 수 있다면 이 또한 좋은 방법이다.

'역세권' 파악으로
돈 되는 아파트 찾기

처음 부동산 투자를 접하는 사람도 익히 들어 알고 있는 투자 방법 중 하나가 바로 '역세권 투자'이다. 대부분의 부동산 전문가나 투자자들이 역세권에 투자하라고 강조하는데, 이는 역세권 주변의 교통이 편리하고 상권이 활성화되어 있어 사람들이 거주지로 많이 선호하기 때문이다. 수요가 많은 만큼 투자처로 가장 확실하다고 평가하는 것이다.

하지만 좋은 학군과 마찬가지로 역세권 역시 '이미 가격이 비싸다.'는 것이 가장 큰 문제다. 따라서 역세권 투자를 할 때에도 돈이 되는 매물을 찾기 위해서는 몇 가지 법칙을 이해하고 활용할 필요가 있다. 또한 남들이 가짜 역세권에 현혹되어 올바른 판단을 하지 못할 때, 진짜 역세권을 구별해 좋은 투자 기회를 선점한다면 만족스러운 수익을 얻을 수 있을 것이다.

1 역세권 투자의 법칙

역과의 거리뿐 아니라 주변 환경도 살펴라

사람들이 역세권을 찾는 가장 중요한 이유는 출퇴근이 편리하기 때문이다. 역을 기준으로 반경 500m 이내가 가장 선호되며, 도보 시간으로는 약 10~15분 정도의 거리(500~1000m)를 마지노선으로 보는 경우가 많다. 하지만 단순하게 거리로만 판단할 것이 아니라 본인이 직접 주변 환경을 확인하는 절차가 꼭 필요하다. 지도상 거리로는 역과 거주지가 가깝지만 진입로가 돌아가도록 되어 있거나, 오가는 길이 경사지여서 불편한 사례도 많기 때문이다. 그리고 역세권 주변에 들어서 있는 상권의 규모나 시설의 종류에 따라 사람들의 선호도가 달라질 수 있으므로 이 역시 살펴봐야 한다.

회사 밀집 지역을 통과하는 노선이 중요하다

최근에 개통된 서울 지하철 노선 중에서 '9호선'은 특별히 '골드 라인'이라 불리기도 한다. 9호선의 상징색이 골드이기도 하지만, 더 큰 이유는 회사가 집중적으로 몰려 있는 '강남' 권역으로의 접근성이 뛰어나 9호선 주변 아파트 가격의 상승률이 매우 높았기 때문이다. 이는 지하철 노선이 어느 지역을 지나가느냐에 따라 부동산 가격에 미치는 영향이 다르다는 것으로 해석할 수 있다.

기존 3대 중심지(강남, 여의도, 강북 도심)에 있는 회사로의 출퇴근 편의성이 부동산 가격 상승에 많은 영향을 준 것은 분명한 사실이다. 최근에 개통한 신분당선 연장 구간(정자~광교)의 경우에도 강남과의 거리 단축으로 인해 주변 아파트 가격이 많이 상승했다. 그리고 기존 3대 중심지는 아니지만 과거에 비해 회사들이 집중되고 있는 가산 디지털 단지 주변의 광명시도 큰 폭의 상승세를 보였다.

이와 같이 역세권이라고 다 같은 역세권이 아니므로 제대로 투자하기 위해서는 회사가 밀집된 지역, 그 중에서도 특히 강남과의 접근 거리를 따져보는 것이 상당히 중요하다. 반대로 구도심이나 개발이 덜 된 지역, 또는 아파트 단지가 없는 지역의 경우에는 역세권의 영향력이 상대적으로 작을 수밖에 없다.

경전철 vs 중전철, 그리고 지상철 vs 지하철

최근에는 우리가 보통 전철이라고 부르는 '중전철'보다 '경전철'* 건설 계획이 점점 늘어나고 있다. 이미 서울을 비롯한 수도권은 전철 노선이 그물망처럼 촘촘하게 들어서면서 교통 사각지대가 상당 부분 사라진 것이 사실이다. 따라서 전철 개통에 따른 교통 개선 효과는 과거와 달리 현저히 줄어들었다. 게다가 정부나 지자체의 예산 문제로 인해 비용이 많이 드는 중전철보다는 공사비가 저렴하고 효율적인 운영이 가능한 경전철이 새로운 교통수단으로 각광을 받고 있는 것이다.

기존 중전철이 회사가 밀집된 곳이나 주요 핵심 지역을 연결하는 데 주력했다면, 앞으로 들어설 노선들은 부도심이나 외곽의 교통이 취약한 지역을 연결하게 될 것이다. 그렇다면 핵심 지역을 통과하는 중전철에 비해 경전철 주변 부동산 가격의 움직임은 상대적으로 크지 않을 가능성이 높다.

그리고 환경 문제에 민감하고 삶의 질을 중요시하는 요즘 시대에는 소음이나 공해 등의 문제로 거주 환경이 좋지 않은 지상철보다는 지하철역 주변을 선호할 수밖에 없다. 따라서 역세권 투자처를 검토할 때는 경전철보다 중전철을, 그리고 지상철보다 지하철을 먼저 고려하는 것이 더 중요하다.

---

* **경전철**
　수송량과 운행 거리가 기존 전철의 절반 정도 수준인 경량 전철로 건설비가 저렴하고 공해와 소음이 적음

전철 역세권 거론지의 대단지를 노려라

앞에서 역세권 투자의 몇 가지 법칙들을 설명했지만, 싸게 사서 비싸게 파는 투자의 기본 원리에 가장 부합되는 방법은 바로 현재의 역세권보다 '미래의 역세권'에 투자하는 것이다. 다시 강조하지만, 현재의 역세권은 이미 가격이 비싸기 때문이다. 앞으로 형성될 역세권과 가깝고, 주변에 상권이 들어설 예정이면서, 대규모 단지가 건설될 만한 지역을 찾을 수 있다면 다른 어떤 곳에 비해서도 투자 수익은 높을 수밖에 없다.

시중에는 '○호선 연장', '○○ 역세권 개발 예정'과 같이 진위를 알 수 없는 광고들이 넘쳐나고, 대부분의 투자 지침서에서는 역세권에 투자하라고 강조한다. 그런데 문제는 어떻게 해야 하는지에 대해서는 제대로 된 설명이 없다는 것이다. '진짜 역세권'이 들어설 지역을 찾아 투자하기 위해 어떤 방법으로 접근해야 하는지 구체적으로 살펴보자.

〈국가 철도망 구축 계획〉에 들어야 사업 추진이 가능하다

우리가 전철이라고 부르는 교통수단은 '철도' 위를 운행하는 것으로, 역세권이 예정된 지역을 찾기 위해서는 기본적으로 철도 건설 계획을 확인해야 한다. 철도 건설 사업은 '철도 건설법' 제4조의 규정에 따라 10년마다 수립·시행되고, 5년마다 그 타당성 여부를 검토하여 중·장기 철도 건설 국가 계획을 변경하게 되는데, 이것이 바로 〈국가 철도망 구축 계획〉이다.

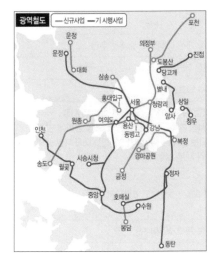

| 제3차 국가 철도망 구축 계획안(2016년 ~ 2025년) |

만약 어떤 지역에 지하철역이 들어선다는 소문이 무성하더라도, 실제로 사업이 진행될 것인지 알려면 〈국가 철도망 구축 계획〉에 포함되어 있는지 확인해야 한다. 이 계획에 들어 있어야만 최종 확정이 된 것이고, 본격적으로 사업 추진이 가능하기 때문이다.(2006년에 제1차를 시작으로 2011년에 제2차, 그리고 2016년에 제3차가 수립ㆍ공표되었다.)

지하철 8호선 연장(별내선) 진행 과정

다음은 가장 최근에 착공된 지하철 8호선 별내선 구간의 실제 진행 과정을 표로 나타낸 것이다.

진행 시기	내용
2005년 11월	수도권 동북부 광역 교통 개선 대책으로 별내선 추진
2006년 7월	별내 지구 광역 교통 개선 대책으로 확정
2006년 10월	별내선 예비 타당성 조사 발표
2007년 12월	〈대도시권 광역 교통 시행 계획〉에서 신규 광역 철도로 지정 ※대도시권 광역 교통 시행 계획: '대도시권 광역 교통 관리에 관한 특별법'에 따라 수립되는 20년 단위 장기 계획인 〈대도시권 광역 교통 기본 계획〉의 5년 단위 세부 실행 계획
2010년 5월	기본 계획 수립 용역 착수 ※주관: 경기도(2010년 5월 ~ 2011년 8월까지 타당성 조사 및 기본 계획 수립 용역 진행)
2011년 4월	〈제2차 국가 철도망 구축 계획〉에 별내선 반영
2014년 1월	기본 계획 보완 용역 실시
2014년 12월	국토 교통부의 경기도 기본 계획 승인 후 관보 고시
2015년 10월	별내선 전 공구 발주 및 사업자 선정 완료
2015년 12월 17일	별내선 구간 착공

| 지하철 8호선 별내선 진행 과정 |

별내선 진행 과정을 보면, 처음 추진하기 시작한 2005년 11월부터 예비 타당성 조사와 기본 계획 수립 등의 절차를 거치면서 2011년 4월 〈제2차 국가 철도망 구축 계획〉에 반영되기까지 상당 시일이 걸린 것을 알 수 있다. 이때부터 본격적으로 추진 속도를 내기 시작했지만, 기본 계획을 보완하는 과정을 거치면서 승인까지 약 3년의 시간이 더 소요되었다.(사업 구간마다의 소요 시간은 다를 수 있다.) 그리고 국토 교통부가 기본 계획을 최종 승인한 이후에는 사업자 선정을 거쳐 착공에 이르기까지 신속하게 진행이 된 것을 확인할 수 있다.

구상 단계 ⇨ 예비 타당성 조사 ⇨ 기본 계획 수립
⇩
타당성 재조사 ⇦ 〈국가 철도망 구축 계획〉 반영
⇩
실시 계획 수립 ⇨ 착공 ⇨ 준공

| 지하철 노선 추진 절차 |

결국 지하철이 '착공'되기 위해서는 다음과 같은 '기본 선결 조건'이 충족되어야 한다.

첫 번째, 〈국가 철도망 구축 계획〉에 선정

두 번째, 선정 이후 타당성 조사 진행

세 번째, 기본 계획 구상 및 노선 지정

네 번째, 사업자 발주 및 사업자 선정

'3승 법칙'을 활용하라

위와 같은 확인 절차를 거쳐 진짜 역세권이 들어설 지역을 파악했다면, '과연 어느 시기에 투자를 해야 할 것인가?'라는 의문이 생길 것이다. 결론부터 이야기하자면, '3승 법칙'을 활용해 투자의 기회를 찾을 수 있다.

3승 법칙이란, 지하철 개통 과정 중 '계획 발표', '착공', '준공'의 세 단계에 걸쳐 인근의 집값이 오르는 현상을 말한다. 전문가들은 사업의 진행 단계별로 부동산 시장에 영향을 미치는 정도가 다르기 때문에 매수 타이밍이 중요하다고 강조하는데, 아파트 가격이 가장 많이 오르는 시기가 바로 '계획 발표' 단계이다. 그동안 불투명했던 사업이 구체화되면서 기대감이 극대화되기 때문이다.

그런데 많은 사람들이 '사업 계획 추진'과 '사업 계획 발표'를 혼동한다. 앞서 말한 바와 같이 사업 계획이 추진되는 과정은 상당한 시일이 걸린다. 별내선 연장 구간의 경우도 2005년 11월에 처음 이야기가 나오고 약 6년이 경과된 후에야 〈국가 철도망 구축 계획〉에 반영이 되었고, 2015년 12월 착공할 때까지 약 10여 년의 세월이 소요되었다.

만약 사업을 추진을 하는 과정에 투자를 했다면 착공 때까지 최장 10여 년의 시일이 걸렸을 것이다. 또한 완공 후 역세권 효과를 볼 때까지는 몇 년의 시간이 추가로 걸릴 수밖에 없다. 투자자 입장에서는 상당히 비효율적인 투자인 것이다. 따라서 필자는 〈국가 철도망 구축 계획〉에 반영되지 않은 지역의 추진 과정은 거의 무시하고 넘어간다. 긴 시간 동안 자금이 묶여서는 안 되기 때문이다.

하지만 부동산 관련 인터넷 카페나 블로그 등을 통해 특정 지역의 분위기를 계속 살필 필요는 있다. 추진 과정을 거쳐 〈국가 철도망 구축 계획〉에 반영될 가능성이 높은 경우에 지역 분위기가 후끈 달아오르면서 좋은 기회를 잡을 수 있기 때문이다.

계획 발표 단계에서 투자할 시기를 놓쳤더라도 실망할 필요는 없다. 사업 계획이 이미 확정된 상황이므로 불확실성으로 인한 위험은 존재하지 않으며, 아직 기본 계획을 보완하고 사업자 발주를 할 때까지 상당한 시간이 남아 있으므로 그사이 급매물 투자의 기회를 노릴 수 있다. 이와 같이 역세권 투자의 타이밍을 결정하는 데 있어서 3승 법칙을 활용하는 것은 매우 유효한 방법이다.

〈제3차 국가 철도망 구축 계획〉에 반영된 노선

다음은 2016년 6월에 발표된 〈제3차 국가 철도망 구축 계획〉 내용 중 일부이다. 더 구체적인 내용은 국토 교통부 홈페이지(http://www.molit.

go.kr)에서 찾아볼 수 있다.

	노선명	사업구간	사업내용	연장(km)	총 사업비(억원)
① 운영효율성 제고사업					
고속	경부고속선	수색~서울~금천구청	복선전철	30.0	19,170
		평택~오송	2복선전철	47.5	29,419
일반	중앙선	용산~청량리~망우	2복선전철	17.3	13,280
	수서광주선	수서~광주	복선전철	19.2	8,935
	경전선	진주~광양	전철화	57.0	1,524
		광주송정~순천	단선전철화	116.5	20,304
	장항선	신창~대야	복선전철화	121.6	7,927
	동해선	포항~동해	전철화	178.7	2,410
	문경·점촌선	문경~점촌~김천	단선전철화	73.0	13,714
	경전선	보성~목포¹⁾	단선전철화	82.5	1,702
	경북선	점촌~영주¹⁾	단선전철화	56	980
		소계(11개 사업)		799.3	119,365
② 지역거점 간 고속연결 사업					
일반	어천 연결선	어천역~경부고속선	복선전철(직결선)	2.4	1,540
	지제 연결선	서정리역~수도권고속선	복선전철(직결선)	4.7	2,800
	남부내륙선	김천~거제	단선전철	181.6	47,440
	강원선	춘천~속초	단선전철	94.0	19,632
	평택부발선	평택~부발	단선전철	53.8	16,266
		소계(5개 사업)		336.5	87,678
③ 노후시설 개량 사업					
일반	충북선	조치원~봉양	고속화	82.8	4,606
	호남선	가수원~논산²⁾	고속화	29.3	4,596
		소계(2개 사업)		112.1	9,202

- 54 -

| 〈제3차 국가 철도망 구축 계획〉 신규 사업 현황 - 1 |

(출처: 국토 교통부 자료)

④ 대도시권 교통난 해소사업

광역	수도권광역급행철도	송도~청량리	복선전철	48.7	58,319
	수도권광역급행철도	의정부~금정	복선전철	45.8	30,736
	신분당선	호매실~봉담	복선전철	7.1	6,728
	신분당선서북부 연장	동빙고~삼송	복선전철	21.7	12,119
	원종홍대선	원종~홍대입구	복선전철	16.3	21,664
	위례과천선	복정~경마공원	복선전철	15.2	12,245
	도봉산포천선	도봉산~포천	복선전철	29.0	18,076
	일산선 연장	대화~운정	복선전철	7.6	8,383
	서울 9호선 연장	강일~미사[2]	복선전철	1.4	1,891
	충청권 광역철도(2단계)	신탄진~조치원[3]	2복선전철(기존선)	22.5	5,081
소계(10개 사업)				215.3	175,242

⑤ 철도물류 활성화 사업

일반	새만금선	대야~새만금항	단선전철	43.1	6,160
	구미산단선	사곡~구미산단	단선철도	11.0	2,472
	아산석문 산단선	합덕~아산·석문산단	단선철도	36.5	6,991
	대구산업선	서대구~대합산단	단선전철	40.1	8,164
	동해신항선	삼척해변정거장~동해항	단선철도	3.6	578
	인천신항선	월곶~인천신항	단선철도	12.5	5,470
	부산신항 연결지선	부산신항선~부전마산선	단선전철(연결선)	4.4	1,502
소계(7개 사업)				151.2	31,337

⑥ 한반도 통합철도망 구축사업

일반	동해선	강릉~제진	단선전철	104.6	23,490
소계(1개 사업)				104.6	23,490
총 계(36개 사업)				1,719.7	446,314

1) 공청회 이후 신규사업으로 추가 2) 공청회 안에서 추가검토사업 → 신규사업으로 변경
3) 충청권 광역철도 2단계 사업에서 계룡~논산구간 제외 (신탄진~조치원은 유지)
4) 국가재정운용계획 등을 고려, 2.4일 공청회 대비 총사업비는 3.7조원 감소(74.1→70.4조원)

| 〈제3차 국가 철도망 구축 계획〉 신규 사업 현황 - 2 |

(출처: 국토 교통부 자료)

※이번 〈제3차 국가 철도망 구축 계획〉에서 추가된 36개 신규 사업 중에서도 '④ 대도시권 교통난 해소사업'을 좀 더 눈여겨볼 필요가 있다. 사람들이 많이 거주하는 대도시권에 역이 들어서면 해당 지역의 교통 개선 효과와 상권을 비롯한 입지 변화가 두드러질 것으로 예상되기 때문이다.

결과를 알 수 없는 추진 단계를 맹신하기보다는, 이렇게 신규 사업으로 확정된 지역을 중심으로 세밀하게 검토하고 투자한다면 소중한 시간과 기회비용을 낭비하지 않고 훌륭한 수익을 얻을 수 있을 것이다.

참고
'도시 철도'와 '광역 철도'의 차이는?

도시 철도는 대체로 지자체 지역 내에서만 노선이 운행되는 편이고, 광역 철도는 각 지자체 간의 핵심 지역을 연결하는 경우가 많다. 쉽게 표현해서, 도시 철도는 '지자체'가, 광역 철도는 '정부'가 주도적으로 관여한다.

예를 들어, '인천 지하철 2호선'(보통 인천 도시 철도 2호선으로 통칭)이나 서울 경전철 '우이선'은 각각 인천과 서울 지역 내에서 운행하는 도시 철도 사업이다. 위 노선들은 지자체에서 자체적으로 〈○○시 도시 철도 기본 계획〉과 같이 사업 계획을 세우고, 통과되면 예산이 배정되어 진행이 가능하다. 그러나 광역 철도는 정부의 〈국가 철도망 구축 계획〉에 편입되어야만 진행된다.

중요한 것은 '사업 속도'이다. 지자체가 추진하는 도시 철도는 지자체의 예산 문제로 정부의 예산이 많은 부분을 차지하는 광역 철도보다 지연될 가능성이 높다. 또한 광역 철도는 국가 교통망 구축 사업이므로 핵심 지역을 연결하는 경우가 많아 상대적으로 부동산 가격 상승의 효과가 큰 편이다. 그런 이유로 이 책에서는 도시 철도보다 광역 철도를 중심으로 설명했다.

'싸다'와 '저평가'의 의미를 이해하라

세상에 알려진 수많은 투자 공식 중에서 '대단지에 투자해야 한다.'는 말이 있다. 소규모 단지보다 편리한 주거 환경으로 인해 대단지 부동산의 시세가 상대적으로 더 크게 상승하는 것을 경험한 사람들의 인식이 일종의 공식처럼 굳어진 것이다. 이외에도 '남향을 선택하라.', '저층은 가능하면 피하라.', '브랜드 가치를 중요하게 여겨라.', '발품을 많이 팔아라.' 등 많은 공식들이 있다. 이와 같은 투자 공식들은 과거 투자자들의 수많은 성공과 실패 사례를 통해 새로이 생겨나고 걸러진 기술과 방법이 세상에 전해진 것이기에 검증된 것으로 볼 수 있다.

하지만 알려진 공식이 항상 절대적인 방법은 아니다. 일반적으로 초보자일수록 투자 공식을 그대로 따라 하기만 하면 성공적인 결과를 얻을 수 있을 거라는 착각에 빠지는 경우가 많다. 하지만 공식에 의존한 투자는 현장 상황에 따라 잘 들어맞을 수도 있지만 그렇지 않은 경우도 자주 발생한다.

모든 상황에 적용할 수 있는 투자 공식, 명확한 모범 답안은 존재하지 않으므로 어떤 부동산에 투자할 것인가라는 선택을 할 때마다 매번 어려움을 느낄 수밖에 없다. 따라서 기존에 알려진 투자 방식을 무조건 따르는 투자가 아니라 상황에 맞게 그것을 어떻게 활용할 것인지가 매우 중요하다. 어떤 기준을 세워서 투자를 해야 수익을 창출할 수 있는지를 끊임없이 고민해야 하며, 그 기반에는 '싼 가격'과 '저평가된 가격'의 의미를 이해하는 것이 먼저 선행되어야 한다. 투자를 결정하는 데 있어서 가장 중요한 판단 기준이 바로 '가격'이기 때문이다.

1 싸거나 비싼 것의 판단 기준은 항상 같지 않다

예를 들어, 관심이 있는 아파트 단지의 평균 시세가 3억 원이라고 하자. 때마침 2억 8천만 원의 가격에 매물이 나온다면 싸다고 느끼고 매수를 고민할 것이다. 이때, '싸다고 판단하는 기준'은 그 단지의 평균 시세인 3억 원에서 출발하게 되어 있다. 하지만 이 매물이 알고 보니 1층 아파트라면 2억 8천만 원이라는 가격은 과연 싼 것일까? 아니면 비싼 것일까?

또 다른 경우를 살펴보자. 현재 그 단지에서 나온 유일한 매물의 가격이 3억 1천만 원이다. 단지의 평균 시세가 3억 원인데, 1천만 원을 더 주고 사려면 비싸다는 생각이 드는 것이 사실이다. 이때, 하나밖에 없는 매물을 매수할 것인지 말 것인지를 선택하기 위해서는 가격 요건만을 가지고는 판단하기 어렵다. 그런데 만약 이 매물이 전망이 좋은 꼭대기 층의 복층 구조 아파트라면 3억 1천만 원이라는 가격은 과연 싼 것일까? 아니면 비싼 것일까?

그러면 다른 단지와의 비교 과정에서 싼 것과 비싼 것의 판단 기준은 또 어떨지 살펴보자. 관심 단지에 마음에 드는 매물이 없을 때, 중개사는 건너편 단지에 가격이 2억 7천만 원인 매물이 있다고 소개했다. 이전까지 한 번도 고려해 본 적이 없었던 단지인데, 관심이 있던 단지의 평균 시세인 3억 원보다 3천만 원이 더 낮다는 이유로 확실히 싸다고 볼 수 있을까?

싸거나 비싸다는 것은 상대적인 개념이다. 많은 사람들은 먼저 눈에 보이는 가격만으로 비교하고 판단하는 경향이 있다. 하지만 부동산은 공장에서 찍어낸 물건처럼 모두 똑같은 것이 아니므로 드러난 가격 자체만으로는 부동산의 값어치를 명확하게 판단하기 어렵다. 부동산이 가지고 있는 각각의 특징에 따라 그 가치에 대한 판단 기준은 달라질 수밖에 없다는 점을 유념해야 한다.

2 동일한 부동산에 대한 '생각의 차이'에서 기회가 생긴다

보통 부동산 가격의 높고 낮음은 복층 구조와 같은 물건 자체의 '개별적인 특징'과 학군이 좋다거나 주변에 지하철이 개통될 예정이라든지 하는 '지역 정보'에 의해 좌우된다. 그런데 여기서 더 중요한 것은 부동산의 특징과 주변 지역의 정보에 대한 사람들의 '생각의 차이'가 부동산 가격과 그에 대한 판단에 결정적인 영향을 미친다는 사실이다.

'매수인'의 서로 다른 생각들

앞에서 말했던 예를 다시 한 번 살펴보자. 관심이 있는 단지의 평균 시세가 3억 원이고, 매물로 나온 아파트의 가격은 3억 1천만 원이다. 평균 시세보다 1천만 원이나 더 높아 비싸다는 생각이 들 수 있는데, 그렇게 생각하는 사람들은 더 이상 관심을 두지 않을 것이다.

그런데 이 매물이 전망이 좋은 꼭대기 층의 복층 구조라면 어떨까? 복층은 공간 활용 범위가 넓고, 단지 내에 몇 개 존재하지 않는 희소성이 높은 물건이라 사람들이 매우 선호한다. 게다가 얼마 전에 동일한 복층 아파트가 3억 3천만 원에 거래되었다는 추가 정보를 듣게 된다면 귀가 솔깃해질 수밖에 없을 것이다. 단지의 평균 시세보다는 1천만 원 비싸지만, 같은 복층 아파트의 실거래가보다는 2천만 원이 싸기 때문에 되파는 경우에 시세 차익을 얻을 수 있는 '싼 아파트'라고 볼 수 있다.

똑같은 부동산이라 할지라도, 어떤 사람은 단지의 가격 정보만 고려하여 더 이상 관심을 두지 않지만, 또 다른 누군가는 가격 이외에도 그 매물의 특징과 최근 거래 사례 등 다양한 정보를 통해 '상대적으로 싸다.'는 결론을 내리고 투자를 결정하는 것이다.

'매도인'의 서로 다른 생각들

반대로 매도인의 입장에서도 살펴보자. 보통 매도인이라면 시장에서 평균적으로 거래되는 시세 이상의 가격에 팔기를 원한다. 부동산 시장의 상승기에는 평균 시세보다 더 높은 가격에 매물을 내놓아도 거래가 이루어지기도 한다. 따라서 평균 시세보다 낮게 거래되는 경우는 많지 않은 것이 일반적이다.

그렇다면 평균 시세보다 싼 가격에 매물을 내놓는 것은 분명 이유가 있을 것이다. 매도인이 급하게 자금이 필요한 사정이 있다면 시세보다 더 낮은 가격에 매물을 내놓아 하루라도 빨리 거래를 해야 한다. 같은 조건인 매물의 평균 시세가 3억 원일 때, 빨리 팔아야 하는 매도인의 입장에서는 2억 9천만 원 정도의 가격을 적정하다고 판단할 수도 있다. 다른 예로, 매도인이 외국에 거주하는 경우에도 시세보다 싸게 매물을 내놓을 수 있다. 외국에 떨어져 있다 보니 국내 부동산 분위기나 정보를 잘 알지 못해서 시세보다 낮은 2억 9천만 원이라는 가격도 충분히 만족할 만하다고 착각하게 되는 것이다.

결국 매도인은 자신의 입장이나 정보의 비대칭이라는 상황에 의해서 적정 가격이 어느 정도인지에 대해 다르게 생각할 수밖에 없다. 따라서 시세보다 높은 가격에 매물을 내놓는 매도인도 있고 반대로 더 낮은 가격에 내놓을 수도 있는 것이다. 그리고 매수인은 부동산의 특징과 관련 정보를 어떻게 분석하느냐에 따라 싼지 비싼지에 대해 각기 다른 판단을 내리고, 그런 생각의 차이로 인해 매수냐 포기냐를 결정한다.

3 시세 균형이 깨진 '저평가 부동산'을 잡아라

알려진 공식에 맞는 부동산 투자를 하면 언젠가 가격이 오를 거라는 막연한 믿음으로 매수를 결정하는 사람들이 많지만, 막상 시장에서는 어떤 현상이 일어날지 확실히 알 수 없다. 앞에서 살펴본 것처럼, 매도인과 매수인의 입장과 생각의 차이에 따라 적정 가격에 대한 판단이 달라지고 이는 미묘한 시세 변동으로 나타날 수 있기 때문이다. 우리가 인터넷에서 확인할 수 있는 시세, 다시 말해 평균 시세의 균형이 일시적으로 깨지는 현상은 시장에서 자주 일어나는데, 그렇게 일시적으로 균형이 깨져 가격이 낮게 형성된 부동산이 바로 '저평가된 부동산'이다. 따라서 투자 고수들은 불균형이 존재하는 곳을 찾아 남들보다 먼저 선점하려 끊임없이 노력한다.

가격이 저평가된 부동산은 언젠가 다시 균형을 맞추기 위해 평균 시세로 회복될 수밖에 없고, 시세가 균형을 찾아 다시 정상화되면 이를 다시 다른 사람에게 매도해서 차익을 남길 수 있다.

이것이 고수들이 부동산에 투자해서 수익을 만드는 보편적인 방법이다. 그렇다면 저평가된 부동산이 정확하게 어떤 의미인지, 그리고 그런 부동산은 어떻게 찾아야 하는지 좀 더 이해하기 쉽게 사례를 통해 자세히 살펴보자.

3.
'저평가 부동산'에
투자하는 방법

'매매가 대비 전세가 비율'로
저평가 부동산 찾기

　'매매 수요'는 '실거주'와 '투자'라는 두 가지 목적이 있지만, '전세 수요'는 오직 '실거주'를 위한 목적만 존재한다. 따라서 어느 지역이 매매가 대비 전세가 비율이 높다는 말은 실수요자가 많다는 의미이다. 이렇게 전세가 비율이 높은 곳은 언젠가 집값이 상승할 가능성이 매우 높다. 사람들의 거주 선호도가 높으므로 전세가와 매매가의 차이가 줄어들게 되면 전세를 얻는 대신 차라리 조금만 더 돈을 투입하여 주택을 매입하려고 하는 사람들이 늘어나기 때문이다. 즉, 전세 수요가 매매 수요로 전환하게 된다.

　이와 같은 이유로 집값이 상승할지를 판단할 때 그 근거로 자주 활용하는 것이 바로 전세가 비율인데, 전세가 비율이 어느 정도이냐에 따라 상대적으로 저평가된 물건을 찾는 방법이 달라진다. 이를 정리하면 다음과 같다.

1 정상적인 전세가 비율인 시장(50 ~ 60%)

전세가 비율이 지속적으로 오르고 있는지 파악하라

정상적인 시장에서 매매가 대비 전세가 비율은 보통 50~60% 정도로 나타난다. 이 시점에는 전세가 비율만으로 저평가를 판단하기가 쉽지 않다. 전세가 비율이 그리 높지 않으므로 전세가가 매매가를 밀어 올리는 일은 거의 없으며, 주로 지역의 입지가 변화함에 따라 가격이 오르는 경우가 많다.

예전에는 통상적으로 전세가 비율이 60~70%가 되면 집값이 오를 가능성이 크다고 보았다. 하지만 최근에는 집값 상승에 대한 기대 하락을 비롯한 다양한 이유로 인해 이 공식이 맞지 않는 경우가 많아졌다. 따라서 이 시기에는 전세가 비율 그 자체보다 전세 공급의 부족으로 점점 전세가 비율이 오르고 있는지, 그 흐름을 파악하는 것이 중요하다. 수급 불균형으로 인해 전세 가격이 상승하면서 최적의 투자 시기가 다가올 것이기 때문이다.

2 전세가 비율이 상승하는 시장(70 ~ 80%)

A → B → C급 지역 순서로 실투자금이 적은 곳을 노려라

이 시점은 입지보다 실투자금이 더 중요해지는 시장이다. 전세 수요와 공급의 균형이 무너져 전세 가격이 상승하면서 전세가 비율이 상승하고 소액으로 투자할 수 있는 물건이 증가하기 때문이다.

개발이 완료된 지역은 도로, 학교, 병원 등의 기반 시설과 상가, 공원 등의 편의 시설이 매우 잘 되어 있다. 예를 들면, 신도시 내의 단지와 같은 지역인데, 이런 곳을 'A급 지역'이라고 할 수 있다. 일반적으로 전세 수요자라면 당연히 기반 시설과 편의 시설이 우수한 A급 지역을 먼저 선택할 가능성이 높다. 따라서 전세 가격은 A급 지역부터 상승한다.

하지만 이미 전세 수급의 균형이 무너진 상태에서는 사람들이 아무리 A급 지역을 선호한다 하더라도 그 지역의 전세가 남아 있을 리 만무하다. 결국 수요자는 "꿩 대신 닭"이라는 심정으로 한 단계 낮은 'B급 지역'(ex. 신도시 주변의 단지)을 선택하게 되고, 이마저도 구하기 어려울 때는 더 낮은 'C급 지역'(ex. 신도시 외곽의 한 동짜리 아파트 단지)으로 이동하게 된다.

결과적으로 이 시기의 전세가 비율은 A에서 B로, 다시 B에서 C 순서로 상승하게 되는데, 매매 가격 역시 같은 순서대로 오르는 경우가 많다. 이 시점부터는 전세가가 매매가를 밀어 올리기 시작하므로 매매가 상승(매도할 때)과 전세 보증금 증액(임대할 때)으로 새로운 수익을 창출할 수 있다. 따라서 전세가 비율이 상승하는 시기에는 입지보다는 초기 실투자금을 고려하여 가격이 오르는 A → B → C급 지역 순서대로 투자하는 것이 현명한 방법이다.

3 전세가 비율이 매매가를 위협하는 시장(80 ~ 90%)

실투자금이 적은 곳보다는 좋은 입지를 먼저 선택하라

이 시점은 다시 실투자금보다 입지가 점차 중요해지는 시장이다. 전세가 비율이 80 ~ 90%에 달한다는 것은 전세 공급의 부족과 수요의 증가가 가장 최고조에 이르렀다는 의미이다. 이때는 전세 수요와 공급의 균형이 완전히 무너져 A, B, C급 지역의 구분 없이 전세 가격이 크게 오르고 매매 가격 역시 상승한다. 전세 가격이 오르기 직전에 투자했던 사람들이 가장 많은 확정 수익을 얻고, 부동산 투자에 관심이 없었던 사람들이 가장 관심을 갖는 시기가 바로 이때다.

새롭게 등장하는 초보 투자자들은 현재 수익을 거두고 있는 사람들이 직전 시기에 했던 것과 마찬가지로 실투자금이 가장 적은 투자 대상을 찾는 경우가 많은데, 상당히 위험한 발상이다. 왜냐하면 이들의 등장으로 인해 다시 수급의 균형이 왜곡될 가능성이 높아지기 때문이다.

이 시장에서는 직전 시기처럼 전세가가 매매가를 밀어 올리면서 가격 상승과 전세 보증금 증액으로 새로운 수익이 발생하는 것이 아니라, 반대의 현상이 나타난다. 이 현상은 주로 A급 지역이 아닌 C급 지역에서 확인할 수 있다. C급 지역은 원래부터 사람들의 관심이나 수요가 적은 곳이다 보니, 투자자들의 전세 물량이 쏟아져 나오면서 오히려 전세가가 하락하거나 매매가가 정체될 가능성이 크다. 그 흐름을 이해하기 쉽도록 정리하면 다음과 같다.

전세 가격의 움직임	매매 가격의 움직임
매매가와 전세가 차이(갭) 감소 ⇩ 투자자 증가	
⇩ 투자자가 내놓은 전세 물량 급증 ⇩ 전세가 하락	⇩ 매매가 상승 ⇩ 실수요자 감소 ⇩ 매매가 정체 또는 하락

| 전세가 비율이 최고조인 시기에 새로운 투자자 진입으로 인한 시장의 변화 |

2004년에는 실제로 이와 유사한 역전세난*이 발생하여 투자자들이 애

---

* **역전세난**
전셋집의 물량이 늘었지만 그 수요가 줄어서 전세 계약이 잘 이루어지지 않아 겪는 어려움.

를 먹었던 적이 있었다. 많은 투자자들이 몰려 뜨거운 시장이라 하여 특정 단지에 따라 투자하거나, 실투자금이 적게 든다는 이유만으로 C급 지역에 투자하는 일은 자제해야 한다. 득보다 실이 더 큰 투자가 될 수 있기 때문이다.

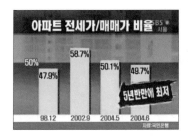 

| 역전세난과 관련된 뉴스 보도 |
(좌) 2004. 7. 13. SBS 뉴스, (우) 2004. 7. 25. YTN 뉴스

지금까지 살펴본 '전세가 비율'의 크기에 따른 투자 방법을 정리해 보면, 먼저 공급 부족으로 인해 전세가 비율이 지속적으로 증가하고 있는지를 파악하고, 이후에는 실투자금을 고려하여 A → B → C급 지역 순서대로 투자해야 한다. 그리고 전세가 비율이 매매가 비율을 위협할 때는 안정적인 실수요자들이 존재하는 A급 지역 위주로 투자하는 것이 저평가된 물건을 찾아내는 가장 유용한 방식이다.

'급매물'을 기준으로
저평가 부동산 찾기

| 일산 신도시의 특정 지역 지도 |

　일산의 어느 지역을 보여주는 앞의 지도를 보고 한 번 생각해 보자. 만약 아파트를 구입하려고 한다면 어느 단지를 가장 먼저 고려하겠는가? 우선은 지도에서 일산역이 보이므로 역에서 가까운 곳에 관심을 가질 가능성이 높다. 그리고 자녀가 초등학생이라면 학교와의 통학 거리도 매우 중요하므로 역뿐 아니라 초등학교가 가까이에 있는 곳을 먼저 찾아보게 될 것이다.

　지도에서 보았을 때, 두 가지를 동시에 만족하는 단지는 후곡 마을 금호 4단지(A)나 건영 15단지(B)이다.(역 바로 앞에 있는 단지는 모두 중대형이라 제외하고, 85㎡를 기준으로 한다.) 게다가 두 단지 사이로 큰 공원이 조성되어 있어 주변 환경도 매우 좋은 편이다. 따라서 사람들이 선호할 만한 이 단지의 가격은 다른 곳에 비해 높을 것이라 예상된다.

여기까지는 우리에게 잘 알려져 있는 몇 가지 부동산 공식에 대입해 간단하게 추측해 본 결과다. 그러나 실제로 이 지역은 공식으로 접근한 방식과는 전혀 다른 결과를 보여주는 곳이다. 가격이 가장 높을 것이라 예상한 금호 4단지나 건영 15단지보다 더 비싼 아파트가 존재하기 때문이다. 그곳은 바로 그림 중앙에 위치한 후곡 마을 9단지(롯데, LG)(C)다.

1 여기는 일산에서 유명한 '오마 학군'

이 지역은 일산에서 유명한 교육 중심지 중의 하나로 '오마 학군'이라 불리는데, 일산 신도시 초창기에는 인기가 별로 없었던 곳이다. 지금은 그림에서 보이는 경의중앙선이 지하철과 동일한 역할을 수행하고 있지만, 당시에는 한 시간에 한 대가 오가는 낙후된 경의선 철도였다. 따라서 경의중앙선과 가까운 곳은 수시로 오가는 지하철 3호선(지도에는 없으나 그 아래쪽에 위치) 주변에 비해 사람들의 관심도가 낮았고, 이곳의 상권(지도 가운데에 노란색으로 표시된 곳)도 3호선 근처에 비해 임대료가 낮은 편이었다. 그러자 높은 임대료를 피해 이곳에 학원들이 들어서기 시작했고 점차 학원가로 유명해졌다. 신도시 외곽에 있는 상권이라 유흥 시설이 들어서기 어려웠던 점도 학원가가 성립되기 좋은 조건이었다.

지도를 통해 알 수 있듯이, 후곡 마을 9단지는 '오마 초등학교'와 '학원가'로부터 최단 거리에 있으면서 큰길을 건너지 않아도 된다. 초등학생 자녀를 둔 부모들이 아이들을 학교에 안전하게 보낼 수 있는 최적의 위치에 아파트가 자리 잡고 있는 것이다. 게다가 초등학교를 졸업한 후, 학업 성취도 평가나 특목고 진학률에서 항상 상위권인 '오마 중학교'에 배정될 가능성이 매우 높은 단지였다. 따라서 자녀의 교육과 안전을 중요시하는 부모에게 최고의 위치였고, 일명 '오마 학군'을 형성하게 된 것이다.

결국 이 지역은 주로 자녀의 교육을 중요시하는 부모들이 모이는 특성을 가진 곳이었고, '역세권'이라는 투자 공식보다는 '학군'이라는 또 다른 공식에 의해 시세가 결정되는 곳임을 알 수 있다. 실제로 오마 학군인 9단지와 역세권인 4단지, 15단지의 가격대를 확인해 보면 다음과 같이 역세권에서 먼 후곡 9단지가 더 높은 시세를 보이는 것을 확인할 수 있다.(참고로 4, 15단지는 오마 학군이 아닌 다른 학교로 배정된다.)

아파트	주택형	하한가	일반가	상한가
후곡 9단지(롯데, LG)	85㎡ (구 32평)	34,500	38,750	40,750
후곡 4단지(금호, 한양)		33,000	36,250	37,000
후곡 15단지(건영)		34,000	36,500	37,500

| 오마 학군 주변 아파트 KB 시세(가격 단위: 만 원, 2015년 8월 기준) |

2 급매물의 저평가 판단 기준

표를 통해 알 수 있는 9단지의 평균 시세는 약 3억 9천만 원이고, 4단지와 15단지는 약 3억 6천만 원이다. 그런데 어떤 사람이 개인 사정으로 3억 6천만 원이라는 급매 가격으로 9단지 매물을 내놓았다고 가정해 보자. 이 가격은 4단지와 15단지 아파트를 구입할 수 있는 평균 시세와 비슷하다. 그렇다면 급매물로 나온 9단지와 4, 15단지의 아파트 중 어느 곳이 더 저평가되었다고 말할 수 있을까?

학군을 중요시하는 매수인의 입장

먼저 자녀 교육을 위해 9단지 아파트를 구매하려는 부모의 입장에서 생각해 보자. 9단지의 평균 시세인 3억 9천만 원은 '자녀의 미래를 위해 이 정도라면 충분히 지불할 수 있다.'는 부모들의 마음이 모여 형성된 시장 가격이다. 따라서 급매물이 소진되고 나면 이 단지는 다시 3억 9천만 원대에서 거래될 가능성이 매우 높다.

매도인의 급한 사정으로 인해 9단지의 평균 시세가 잠시 균형을 잃었을 뿐, 이곳을 매수하기 원하는 사람들로 인해 곧바로 균형 상태로 돌아갈 것이다. 이때, 평균 시세보다 낮은 3억 6천만 원이라는 가격에 사서, 미래에 다른 매수인에게 시세의 불균형이 해소된 가격으로 매도하여 시세 차익을 얻을 수 있으므로, 이 9단지 매물은 '저평가'된 것이 맞다.

자녀 교육을 고려하는 부모들에게 4단지나 15단지는 처음부터 관심 대상이 되지 못한다. 평균 가격이 9단지에 비해 훨씬 더 낮지만, 오마 학군이 아니라는 이유 때문이다.

역세권을 중요시하는 매수인의 입장

물론 역세권을 원하는 미래의 매수인들이 4, 15단지에 관심을 가질 수는 있다. 하지만 3억 6천만 원이라는 평균 시세는 '역세권이기 때문에 이 정도는 지불할 용의가 있다.'는 구매자의 마음이 모여 형성된 가격이므로, 현재 시세대로 구매한 아파트를 미래의 특정 매수인이 더 높은 가격에 사 줄 수 있을지 지금으로서는 전혀 알 수가 없다.

결론적으로, 현재 3억 6천만 원으로 구입할 수 있는 4, 9, 15단지 아파트 중에서 미래의 매수인이 그 구입 금액 이상을 지불할 가치가 있는 것은 9단지밖에 없다. 따라서 4단지와 15단지 아파트는 저평가되었다고 볼 수가 없는 것이다.

급매물에 대해 저평가 여부를 판단할 때, 명목 가격의 높고 낮음을 가지고 지금 매수를 고려하고 있는 본인의 입장에서만 생각해서는 안 된다. 미래의 매수인의 입장에서 그 매물을 어떻게 볼 것인가를 먼저 생각한 다음, 그 사람이 지불할 수 있는 평균 가격대보다 더 낮은 가격으로 현재 살 수 있는가를 고민해 봐야 한다. 쉽게 말해서, '미래에, 당신이 현재 산 것보다 더 높은 가격에 이 부동산을 구매할 매수인이 있을 것인가?'를 기준으로 '저평가'를 판단해야 한다는 것이다.

'지역 변화'를 기준으로 저평가 부동산 찾기

| 구리시 갈매 지구 주변 지도 |

다음은 '지역 변화의 가능성'을 기준으로 저평가 여부를 판단해 보자. 앞의 지도는 서울 동부, 태릉 외곽에 위치한 구리시 갈매 지구를 나타낸 것이다. 갈매 지구는 위로는 남양주 별내 지구, 아래로는 서울 신내동 사이에 있는 택지 지구이다. 9,911세대로 계획되어 있으며, 사업 면적은 약 143만 ㎡, 사업 기간은 2009~2018년 말로 예정되어 있다.

규모가 큰 택지 개발 지구나 신도시에 비해서는 작은 편이지만, 서울에서 매우 가까운 거리에 있다는 장점이 있다. 최근 전세가 상승으로 서울 동부권에서 이주하려는 세입자의 수요가 증가하고 있는데, 그 영향력을 직접 받을 수 있어 지리적으로 좋은 위치이다. 더구나 갈매 지구는 이미 경춘선 갈매역이 있어서 교통도 매우 편리한 곳이다.

1 주변과의 시세 비교하기

지난 2015년 6월, 갈매 지구에서 대우 건설사가 평당 1,100만 원에 약간 못 미치는 가격에 아파트를 분양했다. 앞에서는 기존 아파트의 저평가 여부를 비교했는데, 분양 아파트의 경우에는 어떻게 저평가를 판단할 수 있는지 살펴보도록 하자.(분양 아파트는 건설사가 매도인의 입장이 된다.)

여기서도 제일 중요한 것은 주변에서 유사한 조건을 가진 아파트와의 시세 비교이다. 갈매 지구 주변의 동일한 평형대(85m^2) 아파트의 시세를 확인해 보자.

아파트	주택형	하한가	일반가	상한가
A: 구리 갈매 푸르지오(분양)	85㎡ (구 32평)	34,500 ~ 38,300 (확장비 1,300 제외)		
B: 남양주 별내 신안 인스빌		39,500	42,500	44,400
C: 서울 신내동 태영 데시앙		39,750	42,250	43,250

| 구리시 갈매 지구 주변 아파트 KB 시세(가격 단위: 만 원, 2015년 6월 기준) |
※ 표의 A, B, C 아파트를 앞의 지도에 표시했다.

갈매 지구에서 분양한 대우 아파트의 분양 가격(A)은 서울에서 갈매로 넘어오는 길목 초입의 신내 2지구 태영 아파트(C)와 갈매 북쪽에 있는 별내 신안 아파트(B)의 시세에 비해 상대적으로 더 낮게 책정되어 있음을 알수 있다. 갈매 지구가 서울 및 주변의 택지 개발 지구에 비해 '소규모'이고, '분양가 상한제'가 적용되는 공공 택지라는 점이 낮은 분양가의 원인이라고 볼 수 있다.

2 갈매 지구의 특징과 이에 대한 생각의 차이

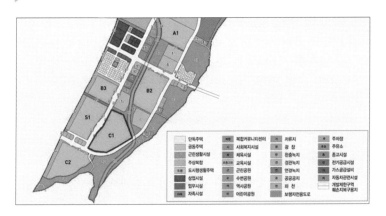

| 구리시 갈매 지구 |

분양 가격이 낮다는 점에서는 일단 합격점이다. 그리고 지도를 보면 학교와 가까운 거리에 있어 젊은 부모들이 선호할 가능성이 매우 높다.(지도에서 C1지구가 해당 분양 아파트이며 바로 위에 초등학교가 있다.)

하지만 어떤 사람들은 분양 당시에 이렇게 말했을 것이다. 갈매 지구는 서울도 아닌 데다가 별내 지구보다도 규모가 작은 택지지구라 평당 1,100만 원은 너무 높다고 말이다.(실제로 주변에는 이렇게 생각한 사람이 꽤 많았다.

아마 이 글을 읽는 누군가 중에도 있을 것이다.) 이런 생각을 한 사람은 '서울이 수도권보다 당연히 비싸다.'라는 기준을 갖고 있었을 것이다. 앵커링 효과, 즉 자신이 이미 알고 있는 상식을 기준으로 판단하는 '기준점 효과' 때문이다.

참고

앵커링 효과(Anchoring effect)

앵커링 효과는 배가 닻(anchor)을 내리면 닻과 배를 연결한 밧줄의 범위 내에서만 움직일 수 있듯이, 처음에 입력된 정보가 정신적인 닻(기준)으로 작용하게 되어 이후의 판단에 계속해서 영향을 미치는 것을 말한다. 행동 경제학 용어로 닻내림 효과, 기준점 효과라고도 한다.

예를 들어, 어떤 제품을 파는 매장에서 사람들의 눈에 잘 띄는 곳에 최고가의 물품을 진열해 놓으면, 이후에 상대적으로 저렴한 물건을 보게 되면 가격이 더 싸게 느껴지는 경향이 있다. 이렇게 사람들의 착각을 유도하여 수익을 추구하는 기업들이 많다.

현명한 소비, 투자를 하려면 기준점 효과로 인해 왜곡되거나 편파적인 판단을 내리지 않도록 주의할 필요가 있다.

서울이 수도권보다 비싸다는 것은 사실 틀린 말은 아니다. 하지만 이러한 기준은 상황에 따라 달라질 수 있다는 점을 간과해서는 안 된다.

앞에서 갈매 지구와 주변 시세를 나타낸 표를 다시 한 번 살펴보자. 남양주 별내 지구의 아파트 가격이 서울 신내동의 아파트 가격을 넘어서고 있다.(별내 지구의 상한가는 4억 4,400만 원이고, 서울 신내동 아파트는 4억 3,250만 원이다.) 신내동이나 중화동 주변은 분양 아파트가 거의 없어 새로운 아파트에 대한 수요가 많은 곳이었다. 실제 별내 지구에는 서울 동북부 거주자들이 많이 이주해 왔다. 처음 분양 당시에는 경기 침체로 인해 거래가 원활하지 않았지만, 이후 잘 정비된 택지 지구라는 장점이 알려지면서 선호도가 높아지고 가격이 역전된 것이다.

갈매 지구는 이러한 별내 지구와 붙어 있는 데다가 서울과의 거리는 오히려 더 가깝다. 그럼에도 불구하고, 사람들은 서울이 수도권보다 가격이 더 높다는 막연한 기준을 가지고 갈매 지구의 분양 가격이 비싸다고 판단했던 것이다.

3 입주 시점의 매수인의 입장을 생각하라

자, 그렇다면 갈매 지구의 입주 시점이 되었을 때 사람들은 과연 어떤 생각을 하게 될까?

일단 이 지역은 외진 곳이 아니다. 서울 신내동과도 근접해 있고, 별내 지구라는 큰 택지 지구와도 바로 붙어 있다. 거주하는 사람의 입장에서 보면 별내 2지구나 다름이 없다. 별내 지구와 서울의 인프라를 그대로 이용할 수 있는 것이다.

갈매 지구의 입주 시점이 되면 신규 아파트라는 장점으로 인해 주변 시세에 근접하는 모습을 보일 가능성이 매우 높다. 그 기준은 아마도 별내 지구가 될 것이다. 만약 갈매 지구 입주민이라면 주변보다 낮은 가격에 분양을 받았다고 해서 입주 시점에도 그 분양가 그대로를 입주 아파트의 시세로 인정하지는 않을 것이다. 따라서 매도인은 분양가보다 당연히 높은 가격에 매물을 내놓을 것이고, 그때의 시세는 아마도 별내 지구의 가격보다 약간 낮은 수준에서 결정될 가능성이 높다.

미래의 매수인의 입장에서 보면, 신규 아파트를 선호하거나 초등학생 자녀를 둔 부모들이 구매할 가능성이 높아 보인다. 이들은 새 아파트에 입주한다는 기쁨과 함께 자녀의 안전한 등하교라는 장점을 누릴 수 있다. 게다가 비슷한 조건의 별내 지구보다 가격이 조금 낮아서 부담이 적을 것이므로, 분양가보다 높은 가격대에서도 충분히 거래가 가능할 것이다. 그렇기 때문에 현재 갈매 지구의 낮은 분양 가격은 분명 저평가된 것이 맞다.

4 미래의 '지역 변화'를 예상하라

이제 이 지역의 미래 가치를 확인해 보도록 하자. 다음 그림은 국토 교통부에서 발표한 갈매 지구 〈광역 교통 개선 대책도〉이다.(2010년 4월 27일자) 자료에서 가장 눈에 띄는 것은 지하철 8호선의 별내선 연장 계획이다.

서울로 진입하는 북부 간선 도로 연장이나 다른 도로의 추가 개설도 갈매 지구에 좋은 영향을 미치겠지만, 지하철 8호선 연장은 매우 중요한 정보다. 별내를 시작으로 한강을 지나 잠실로 연결되는 이 노선이 강남으로 바로 진입할 수 있는 중요한 교통망이 되기 때문이다. 강남까지 연결되는 편리한 교통망은 갈매 지구 주변에 거주하던 수요층뿐 아니라 타 지역으로부터도 새로운 수요를 유입시킬 것으로 예상된다.

시간이 흘러 예정된 노선이 신설되어 이 지역의 교통 인프라가 바뀌게 된다면 지금의 모습과는 확연히 달라질 것이고, 그러한 변화로 인한 '추가적인 가격 상승'까지 예상이 된다. 종합적으로 보았을 때, 갈매 지구는 '미래'를 기준으로 충분히 저평가된 지역으로 판단할 수 있다.

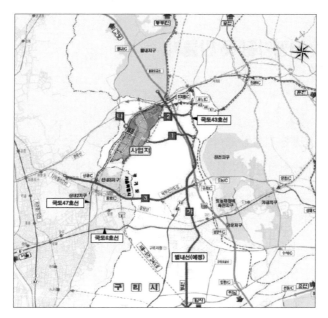

지점		사업명	연장 (km)	폭원 (차로)	시행 시기	사업비 (억원)	시행주체
1	도로 시설	산마투길 기능개선 (자전거로, 보도설치)	1.8	8m~12m	2014년	199	사업시행자
2		갈매~사노간 시군도 개설비용 분담	1.7	2차로	2014년	70	구리시 (사업시행자)
3		북부간선도로 확장 사업비 분담	4.7	4→6~8차로	2014년	118	국토부/서울시/경기도/구리시 (사업시행자)
가	철도 및 환승 시설	별내선 사업비 분담	-		2016년	200	국토해양부 (사업시행자)
나		갈매역 보행연결통로	-		2014년	184	사업시행자
합 계						771	

| 갈매 지구 〈광역 교통 개선 대책도〉(출처: 국토 교통부) |

스스로 저평가된 곳 만들기
– 경매

앞서 설명한 것처럼 분석을 통해 '저평가된 곳을 찾는 것'도 좋지만, 국가가 정한 공식적인 방법인 '경매'를 통해 낮은 가격에 부동산을 구입하는 것도 스스로 '저평가된 곳으로 만드는' 매우 효과적인 방법이다.

얼마 전까지 부동산 시장은 유행이라고 할 만큼 소형 아파트의 인기가 높았다. 그러나 경매에서는 꼭 유행을 따라갈 필요가 없다. 국가가 합법적으로 싸게 살 수 있는 조건을 만들어 준 시장이기에 주변과 비교해서 더 낮은 가격에 낙찰 받을 수 있다면 충분히 차익을 볼 수 있는 구조이기 때문이다.(이는 아파트, 빌라 모두 마찬가지다.)

다음은 은평구와 고양시의 경계선 상에 있는 삼송 지구의 한 아파트 경매 사건이다. 해당 아파트는 109㎡(구 42평형)로 사람들이 선호하지 않는 중대형 물건이다. 감정가는 약 4억 8천만 원이지만, 낙찰가는 3억 7천만 원도 되지 않는다.

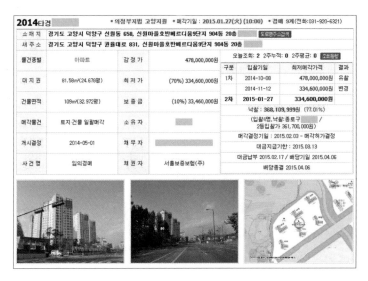

| 경매로 나온 중대형 아파트 정보 |

그렇다면 낙찰 당시인 2015년 1월을 기준으로 이 아파트 단지의 시세를 확인해 보자.

아파트	주택형	하한가	일반가	상한가
호반 9단지 (삼송 지구)	85㎡	35,000	37,750	39,000
	106㎡	43,000	46,000	49,500
	109㎡	43,000	46,000	49,500

| 경매 아파트의 평형대별 KB 시세 |

(가격 단위: 만 원, 2015년 1월 기준)

전용 면적 85㎡ 아파트 시세가 3억 8천만 원 정도인데, 경매를 통해 낙찰 받은 109㎡의 낙찰가가 3억 7천만 원이 되지 않는다. 85㎡의 평균 가격보다 더 낮은 가격으로 109㎡의 아파트를 낙찰 받은 것이다.

사실 중대형 아파트는 현재 거래가 잘 안 되는 편이다. 그러나 중대형이 필요한 사람도 분명 있을 것이다. 부모님을 모셔야 하는 상황일 수도 있고,

자녀 공부방을 만들어 주어야 할 수도 있기 때문이다. 매매 수요의 많고 적음에 따라 팔리는 데까지 걸리는 시간이 다를 수 있지만, 어떤 물건이건 미래의 매수인은 항상 존재한다.

낙찰 받은 이 아파트를 시세의 하한가인 4억 3천만 원 이하의 가격에 내놓는다고 생각해 보자. 평균 시세인 4억 6천만 원보다 훨씬 낮은 가격이기 때문에 중개사는 매수인에게 이 매물을 제일 먼저 보여줄 것이다. 그리고 매수인의 입장에서도 시세보다 낮은 가격에 살 수 있으므로 관심이 갈 수밖에 없다. 결국 다른 매물보다 가장 빨리 거래가 성사될 가능성이 높고, 이 경우 매도인은 최대 6천만 원(양도세 차감 전)의 시세 차익을 얻을 수 있다.

이와 같이 경매는 합법적인 수단으로 구입 가격을 낮출 수 있으므로 자발적으로 저평가 부동산을 만들어내는 좋은 방법이다. 경매와 더불어 한국 자산 관리 공사에서 운영하는 '공매' 역시 알아두면 유용한데, 법원에 가서 입찰해야 하는 경매와는 달리 '온비드' 온라인 사이트(www.onbid.co.kr)에서 바로 입찰할 수 있다.

새로운 저평가 지역 찾기
- 생각의 확장

앞에서 갈매 지구를 분석하면서 지하철 8호선 '별내선 연장'이라는 새로운 정보를 확인했다. 부동산에 관심이 많은 사람이라면 이미 알고 있는 정보 중 하나겠지만, 이 책을 읽으면서 처음 알게 된 사람도 분명 있을 것이다. 이러한 정보를 접할 때 사람들은 '아, 여기에 지하철이 생기는구나. 이 지역 가격이 오르겠네.' 정도의 생각에 그치는 경우가 많다.

그러나 해당 정보를 가지고 생각을 다양하게 전개해 보는 것이 매우 중요하다. 필자는 갈매 지구의 〈광역 교통 개선 대책도〉가 2010년 4월 27일 발표된 자료, 즉 과거의 정보라는 것을 먼저 생각했다. 그리고 이를 근거로 하여 다른 생각으로 연결하고 확장하기 시작했다.

'예전 자료라면, 지금은 혹시 별내선의 진행 상황이 달라지지 않았을까?'

과거에도 우리는 지하철이 들어온다는 소문만 무성하고, 실제로 공사가 시작될 때까지 아주 긴 시간이 걸리는 것을 봐왔다. 따라서 별내선은 현재 어떤 상황인지, 또 얼마나 진행되었는지 더 알아볼 필요가 있었다. 그래서 다시 인터넷 신문을 검색했다.

> **지하철 8호선 별내선 연장선 6개 역사 확정**
> [머니투데이 2014. 12. 17.]

검색을 통해 이미 별내선 연장선의 6개 역사가 최종 확정 고시된 것을 확인할 수 있었다. 당시 기사에 나왔던 지도와 표를 보면 역사의 위치까지 정확하게 표시되어 있다.

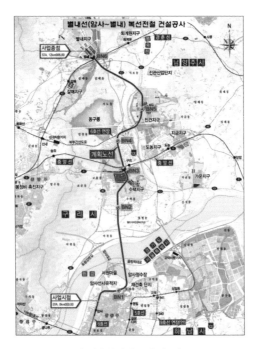

| 별내선 연장 공사 지도 |

No.	위치	역간 거리	형식	입지 현황
BN1	1km100	–	지하	암사동 아리수로
BN2	4km640	3km540	지하	장자2 사거리
BN3	6km473	1km833	지하	건원대로 중앙선 구리역
BN4	7km629	1km156	지하	도매 시장 사거리
BN5	9km440	1km811	지하	진건 지구 중심 상업 지역
BN6	12km477	3km037	지하	별내 지구 경춘선 별내역

| 별내선 역사 위치 |

그런데 확정된 선로의 모습이 앞에서 보았던 〈광역 교통 개선 대책도〉의 것과 조금 달라진 것이 눈에 띄었다. 기존 노선은 별내에서 한강까지 일직

선으로 내려오는 모양이었다면, 확정된 노선은 동쪽으로 더 휘어진 모양으로 우회하고 있다. 이를 통해, 최종 확정되기 전까지 지하철을 유치하기 위해 주변 지역에서 얼마나 많은 노력을 기울였을지 예상할 수 있다.

어쨌든 중요한 것은 이미 별내선 기본 계획이 확정, 고시되면서 더 이상 진행이 될지 말지의 불확실성은 존재하지 않는다는 점이었다. 게다가 새로운 지역까지 덤으로 발견할 수 있었는데, 노선이 우회하는 지역에 그동안 많이 언급되지 않았던 '진건 지구'가 포함되어 있었다.

진건 지구는 별로 들어본 적이 없던 곳이라 호기심이 생겼고, 또 다시 인터넷 검색을 통해 자세한 정보를 찾았다. 어떤 곳에서는 '다산 진건 지구'라고 하고, 또 다른 곳에서는 '다산 신도시'라고 부르기도 했는데, 경기도시 공사가 인접한 공공 택지 '진건 지구'와 '지금 지구' 두 개를 합쳐 '다산 신도시'라는 브랜드를 지은 것이었다. 이미 2015년 4월에 처음 공공 분양이 시작되어 최고 13.4 대 1의 경쟁률을 보인 곳이었고, 앞으로도 계속 분양이 이어질 계획이었다. 분양된 아파트의 평당 분양가는 약 920만 원으로 갈매 지구의 분양가인 1,100만 원보다 훨씬 더 낮았다.

■ 공급대상 및 공급금액 (발코니 확장금액 별도) (단위: 천원)

구분	주택형	타입	층별	분양가격	계약금 계약 시	1차중도금 2015.11.16	2차중도금 2016.03.16	3차중도금 2016.08.16	4차중도금 2017.01.16	5차중도금 2017.05.16	6차중도금 2017.09.18	잔금 입주지정일	국민주택기금
B-4 블록	074.0000	74	1층	258,560	25,856	25,856	25,856	25,856	25,856	25,856	25,856	2,568	75,000
			2층	264,060	26,406	26,406	26,406	26,406	26,406	26,406	26,406	4,218	75,000
			3층	269,560	26,956	26,956	26,956	26,956	26,956	26,956	26,956	5,868	75,000
			4층~최상층	275,060	27,506	27,506	27,506	27,506	27,506	27,506	27,506	7,506	75,000
	084.0000	84A	1층	295,060	29,506	29,506	29,506	29,506	29,506	29,506	29,506	13,518	75,000
			2층	301,340	30,134	30,134	30,134	30,134	30,134	30,134	30,134	15,402	75,000
			3층	307,620	30,762	30,762	30,762	30,762	30,762	30,762	30,762	17,286	75,000
			4층~최상층	313,900	31,390	31,390	31,390	31,390	31,390	31,390	31,390	19,170	75,000
		84B	1층	297,370	29,737	29,737	29,737	29,737	29,737	29,737	29,737	14,211	75,000
			2층	303,690	30,369	30,369	30,369	30,369	30,369	30,369	30,369	16,107	75,000
			3층	310,020	31,002	31,002	31,002	31,002	31,002	31,002	31,002	18,006	75,000
			4층~최상층	316,350	31,635	31,635	31,635	31,635	31,635	31,635	31,635	19,905	75,000
		84C	1층	296,270	29,627	29,627	29,627	29,627	29,627	29,627	29,627	13,881	75,000
			2층	302,570	30,257	30,257	30,257	30,257	30,257	30,257	30,257	15,771	75,000
			3층	308,880	30,888	30,888	30,888	30,888	30,888	30,888	30,888	17,664	75,000
			4층~최상층	315,180	31,518	31,518	31,518	31,518	31,518	31,518	31,518	19,554	75,000

• 상기 공급금액에는 발코니 확장비용이 포함되지 않아 있음.
• 상기 국민주택기금은 입주 시 잔금 납부 후 사업시행자에서 입주예정자로 자주명의 변경되며, 입주자가 채무인수를 원치 않을 경우 지정계좌 상환하실 수 있음 (**국민주택기금은 선납할인 대상에서 제외**)

| 처음 분양했던 e편한세상(B-4 블록) 분양가 |

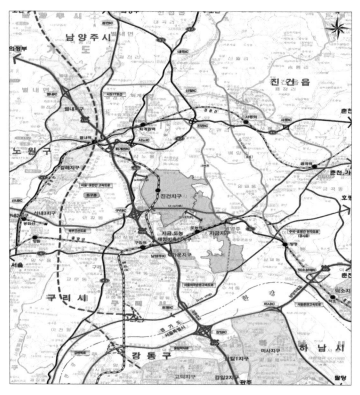

| 다산 신도시 주변 지도 |

(출처: 경기 도시 공사 남양주 다산 신도시 홈페이지)

분양 당시를 기준으로 교통 여건을 살펴보면, 서울로의 진입이 쉽지 않으며 경춘선이 지나는 갈매 지구보다 현저히 교통편이 부족했다. 따라서 당시의 평당 920만 원이라는 가격은 타당해 보였다. 그러나 별내선 완공을 기준점으로 보면 오히려 다산 신도시가 갈매 지구보다 더 저평가된 것으로 보이는데, 그 이유는 다음과 같다.

첫째, 다산 신도시는 강남 출퇴근을 목적으로 한 새로운 수요층이 진입하기 더 좋은 위치다. 별내선이 완공되면 강남으로 향하는 새로운 길이 생겨나므로 갈매 지구보다 다산 신도시가 강남과의 거리가 훨씬 더 가까워진다. 이 경우, 다산 신도시는 기존 남양주 거주자뿐 아니라 강남 출퇴근 수요층의 진입이 예상되지만, 갈매 지구의 수요층은 서울 동북부와 남양주 지역 주민에 국한될 가능성이 더 높다.

둘째, 상대적으로 낮은 분양가 때문이다. 앞에서 명목 가격의 높고 낮음보다는 향후 매수인이 그 매물을 어떻게 볼 것인지를 먼저 생각하라고 했다. 별내선이 완공되면 다산 신도시를 바라보는 사람들은 주로 '강남 출퇴근'이라는 관점에서 생각하게 될 것이다. 일반적으로 강남과의 거리가 가까운 지역의 시세가 높게 형성되는 경향이 있으므로 이곳의 평균 시세 역시 높아질 수밖에 없다. 그렇다면 현재 분양가가 주변에 비해 현저히 낮은 편이므로 높은 시세 차익을 기대할 수 있다.

물론 분양가 상한제 폐지 이후 앞으로 이 지역의 분양가는 계속 상승할 것이다. 하지만 주변 지역과의 시세 비교를 통해 상대적으로 저평가된 가격 수준이 지속된다면 이 지역은 꾸준히 관심을 갖고 지켜봐야 한다.

2015년 4월 다산 신도시의 첫 분양 당시, 많은 사람들이 '교통이 불편해서 싫다.', '별내선이 완공되려면 아직 멀었다.'고 생각했다. 하지만 나중에 별내선 착공이 가시화되고 도시가 완성된 후의 매수인 입장에서 생각해 보면 이 지역은 기반 시설이 많아서 살기 좋고 강남 출퇴근 또한 편리한 곳이 된다. 이와 같이 당장의 모습은 매력적이지 않지만, 가격이 저렴하고 향후의 발전 가능성을 예상할 수 있는 지역이라면 확실히 저평가된 곳이라는 결론을 내릴 수 있다.

필자에게는 이곳 외에도 같은 방식으로 찾아낸 관심 지역들이 많이 있다. 지금 당장 투자를 할 수 없다 하더라도 앞으로 계속 지켜보면서 투자의 기회를 찾을 것이다. 여러분도 꼭 기억하길 바란다. 좋은 투자처는 고수가 좋다고 말하는 지역도 아니고, 노력 없이 단번에 찾아낼 수 있는 것도 아니다. 알려진 기존 정보와 다른 정보를 연결해 새로운 실마리를 찾아

내고, 그 실마리를 또 다른 것과 조합하면서 생각을 확장해야 한다. 그리고 앞에서 살펴본 '저평가 판단 기준'(아래에 요약)을 참고해 분석한다면 여러분도 새로운 저평가 지역을 발굴해 낼 수 있을 것이다.

'저평가 부동산' 찾는 방법

1. '매매가 대비 전세가 비율'에 따라 찾는다.

2. '급매물'을 기준으로 찾는다.

3. 미래의 '지역 변화'를 예상하며 찾는다.

4. '경·공매'를 통해 스스로 저평가된 부동산을 만든다.

5. '생각을 확장'하여 새로운 저평가 지역을 찾는다.

똑같은 가격이라도
상승기에는 싸고 불황기에는 비싸다

지금까지 저평가된 지역을 찾는 혹은 만들어 내는 방법을 크게 4가지로 나누어 설명했다. 그러나 지금부터는 이러한 방식으로는 설명하기 어려운 현상에 대해 이야기하려고 한다. 당시에는 아주 싼 가격에 샀지만 특정한 시기에 들어서면 비싼 가격이 되기도 하고, 반대로 시세보다 비싸게 샀지만 지나고 보니 저평가된 결과로 나타나기도 하는 조금은 황당한 사례들이 종종 발생하기 때문이다. 좀 더 이해하기 쉽게, '경매' 투자 사례를 통해 확인해 보자.

다음은 2009년 8월 강서구 화곡동 L 아파트의 실제 낙찰 사건 정보와 그 당시의 KB 시세이다.

2009타경		∙ 서울남부지방법원 본원 ∙ 매각기일 : 2009.08.11(火) (10:00) ∙ 경매 3계(전화: 02-2192-1333)					
소재지	서울특별시 강서구 화곡동 1145, 우장산롯데캐슬 101동 21층				도로명주소검색		
물건종별	아파트	감정가	570,000,000원	오늘조회: 1 2주누적: 0 2주평균: 0 조회동향			
대지권	41.81㎡(12.648평)	최저가	(80%) 456,000,000원	구분	입찰기일	최저매각가격	결과
건물면적	85㎡(25.713평)	보증금	(10%) 45,600,000원	1차	2009-07-07	570,000,000원	유찰
매각물건	토지·건물 일괄매각	소유자		2차	2009-08-11	456,000,000원	
개시결정	2009-03-05	채무자		낙찰 : 532,999,100원 (93.51%)			
사건명	임의경매	채권자		(입찰15명,낙찰:)			
				매각결정기일 : 2009.08.18 - 매각허가결정			
				대금납부 2009.09.21 / 배당기일 2009.10.28			
				배당종결 2009.10.28			

아파트	조사 시기	하한가	일반가	상한가
강서구 화곡동 우장산 롯데캐슬 (가격 단위: 만 원)	2009.09	51,500	56,000	60,000
	2009.08	50,750	55,000	58,750
	2009.07	50,500	54,000	57,750

낙찰가는 약 5억 3천만 원으로 당시 평균 시세 5억 5천만 원보다 2천만 원 정도 싸게 받았다. 게다가 해당 물건이 로열층에 정남향이라는 점을 감안하면 실제 시세는 더 높았을 것이므로 결과적으로 충분히 싸게 낙찰 받은 것으로 볼 수 있다.

하지만 1년이 경과한 2010년 8월, 동일한 아파트의 낙찰가와 KB 시세를 살펴보자.

2009타경		*서울남부지방법원 본원	*매각기일 : 2010.08.31(火)(10:00)	*경매 7계(전화:02-2192-1337)	
소 재 지	서울특별시 강서구 화곡동 1145, 우장산롯데캐슬 104동 3층			도로명주소검색	
물건종별	아파트	감 정 가	600,000,000원	오늘조회: 1 2주누적: 0 2주평균: 0 조회동향	
대 지 권	41.81m²(12.648평)	최 저 가	(64%) 384,000,000원	구분 입찰기일 최저매각가격 결과	
건물면적	85m²(25.713평)	보 증 금	(10%) 38,400,000원	1차 2010-04-01 600,000,000원 유찰	
매각물건	토지·건물 일괄매각	소 유 자		2차 2010-06-11 480,000,000원 유찰	
개시결정	2009-11-26	채 무 자		3차 2010-08-31 384,000,000원	
사 건 명	강제경매	채 권 자		낙찰 : 480,000,000원 (80%)	
				(입찰1명,낙찰:)	
				매각결정기일 : 2010.09.07 - 매각허가결정	
				배당기일 : 2010.10.13	
				배당종결 2010.10.13	

아파트	조사 시기	하한가	일반가	상한가
강서구 화곡동 우장산 롯데캐슬 (가격 단위: 만 원)	2010.09	48,000	53,500	56,000
	2010.08	50,000	54,500	57,000
	2010.07	50,000	54,500	57,000

아파트 시세가 전년도보다 조금 하락했고(5억 5천만 원 → 5억 4,500만 원), 낙찰가 역시 1년 전에 비해 더 낮은 것(5억 3천만 원 → 4억 8천만 원)을 확인할 수 있다. 2009년에 낙찰 받은 사람은 그 당시의 시세보다 2천만 원 이상 낮은 가격에 샀지만, 1년이 경과한 시점에는 시세가 하락하면서 안타깝게도 싸게 구매한 효과가 희석되어 버린 것이다.

그러면 2010년에 낙찰 받은 사람(4억 8천만 원)은 이전에 낙찰 받은 사람(5억 3천만 원)보다 더 싸게 낙찰 받았으니 무조건 잘 샀다고 할 수 있을까? 그렇지 않다. 시세의 하락은 이후에도 계속 진행되어 2년이 지난 2013 년 11월의 경우에는 5천만 원 이상 하락했기 때문이다. 낙찰가 역시 아래 처럼 4억 2천만 원대까지 떨어졌다.

아파트	조사 시기	하한가	일반가	상한가
강서구 화곡동 우장산 롯데캐슬 (가격 단위: 만 원)	2013.12	45,500	49,000	53,500
	2013.11	45,500	49,000	53,500
	2013.10	45,500	49,000	53,500

그렇다면 처음 2009년 8월에 경매를 통해 합법적으로 싸게 낙찰 받은 사람은 2013년 11월을 기준으로 하면 오히려 비싼 가격에 매수한 것과 같은 황당한 결과가 된다.

한편, 반대의 현상이 일어나기도 한다. 시간이 조금 더 지난 2014년 1월, 동일한 아파트의 낙찰가와 KB 시세를 확인해 보자.

2013타경		*서울남부지방법원 본원 • 매각기일: 2014.01.08(水) (10:00) • 경매 5계(전화:02-2192-1335)		

| 소재지 | 서울특별시 강서구 화곡동 1145, 우장산롯데캐슬 107동 16층 | | 도로명주소검색 | |
| 새 주소 | 서울특별시 강서구 공항대로 382, 우장산롯데캐슬 107동 16층 | | | |

물건종별	아파트	감 정 가	490,000,000원	오늘조회: 1 2주누적: 0 2주평균: 0 조회동향

대 지 권	41.81㎡(12.648평)	최 저 가	(80%) 392,000,000원
건물면적	85㎡(25.713평)	보 증 금	(10%) 39,200,000원
매각물건	토지·건물 일괄매각	소 유 자	
개시결정	2013-03-05	채 무 자	
사 건 명	임의경매	채 권 자	신한은행의 채권양수인 우리에프앤아이제36차유동화전문유한회사

구분	입찰기일	최저매각가격	결과
	2013-09-11	490,000,000원	변경
1차	2013-11-26	490,000,000원	유찰
2차	2014-01-08	392,000,000원	
	낙찰: 472,000,000원 (96.33%)		
	(입찰22명,낙찰: / 2등입찰가 466,300,000원)		
	매각결정기일: 2014.01.15 - 매각허가결정		
	대금지급기한: 2014.02.20		
	대금납부 2014.02.18 / 배당기일 2014.03.20		
	배당종결 2014.03.20		

아파트	조사 시기	하한가	일반가	상한가
강서구 화곡동 우장산 롯데캐슬 (가격 단위: 만 원)	2014.02	46,500	49,000	53,500
	2014.01	46,500	49,000	53,500
	2013.12	46,500	49,000	53,500

아직 일반가와 상한가는 변함이 없으나 하한가가 오르면서 분위기가 전환되는 것을 볼 수가 있다.(KB 시세는 통계 반영에 시차가 존재하기 때문에 실제 시장의 분위기보다 늦게 확인된다.) 실제 낙찰가 역시 지난 시기보다 조금 더 상승했다.(4억 2천만 원 → 4억 7천만 원)

마지막으로 다시 1년이 지난 2015년 6월의 낙찰가와 KB 시세를 확인해 보자.

2014타경		*서울남부지방법원 본원 • 매각기일: 2015.06.10(水) (10:00) • 경매 6계(전화:02-2192-1336)		

| 소재지 | 서울특별시 강서구 화곡동 1145, 우장산롯데캐슬 103동 8층 | | 도로명주소검색 | |
| 새 주소 | 서울특별시 강서구 공항대로 382, 우장산롯데캐슬 103동 8층 | | | |

물건종별	아파트	감 정 가	485,000,000원	오늘조회: 1 2주누적: 0 2주평균: 0 조회동향

대 지 권	41.81㎡(12.648평)	최 저 가	(80%) 388,000,000원
건물면적	85㎡(25.713평)	보 증 금	(10%) 38,800,000원
매각물건	토지·건물 일괄매각	소 유 자	
개시결정	2014-12-01	채 무 자	
사 건 명	임의경매	채 권 자	

구분	입찰기일	최저매각가격	결과
1차	2015-05-12	485,000,000원	유찰
2차	2015-06-10	388,000,000원	
	낙찰: 491,799,999원 (101.4%)		
	(입찰27명,낙찰:동대문구 / 2등입찰가 487,777,000원)		
	매각결정기일: 2015.06.17 - 매각허가결정		
	대금지급기한: 2015.07.29		
	대금납부 2015.07.24 / 배당기일 2015.08.27		
	배당종결 2015.08.27		

아파트	조사 시기	하한가	일반가	상한가
강서구 화곡동 우장산 롯데캐슬 (가격 단위: 만 원)	2015.07	47,500	50,000	54,500
	2015.06	47,500	50,000	54,500
	2015.05	46,500	49,000	52,500

시세는 더욱 상승했고, 낙찰가는 거의 시세에 육박한 가격대이다. 2014년 1월에 4억 7천만 원에 낙찰 받은 사람은 2013년 11월 낙찰가 4억 2천만 원을 기준으로 보면 훨씬 비싸게 매수했지만, 2015년 6월의 시세나 낙찰가를 기준으로는 오히려 싸게 매수한 것과 같은 결과가 되었다. 도대체 왜 이런 경우가 발생하는 것일까?

전자의 경우는 부동산 시장이 '하락기'에 접어들 때 나타나며, 후자의 경우는 시장이 하락기를 지나 '상승기'로 접어들면서 나타나는 현상이다. 즉, 매수 시점의 시장 사이클이 상승기냐 하락기냐에 따라 부동산 매물의 저평가 여부 및 투자 결과가 크게 달라진다는 것을 의미한다.

'똑같은 가격'에 구입을 하더라도 상승기에서 하락기가 될 때 사면 상대적으로 '고평가'된 부동산을 사는 것이고, 하락기에 사서 상승기에 접어들면 '저평가'된 부동산을 사는 것이다.

특히 가격이 하락하는 마지막 시기에 구입해서 가장 많이 상승한 시점에 파는 사람이 가장 큰 수익을 얻을 수 있다. 그런데 유감스럽게도 하락기는 '가격이 더 내려가서 손실을 입진 않을까?'라는 두려움이 가장 커지는 시점이라 많은 사람들이 매수를 꺼린다. 문제는 상승기와 하락기라는 '시장의 사이클'을 쉽게 파악하지 못하고 있기 때문이다.

부동산 투자로 수익을 얻으려면 매수와 매도의 적절한 시기를 알아야 하고, 이를 위해서는 반드시 시장의 사이클을 이해할 필요가 있다. 이 책을 끝까지 읽다 보면, 시장의 사이클이 발생하는 원인이 무엇인지, 현재의 시장이 어떠한 흐름에 있는지, 또 어떻게 그 흐름을 투자에 활용해야 하는지에 대해서 자세히 알 수 있을 것이다.

그 전에, 지금까지 우리가 살펴보았던 저평가 부동산을 찾는 방법을 통해 1억 원 이상의 훌륭한 투자 수익을 얻을 수 있었던 사례를 상세히 분석해 보자.

3
단계

1억 원 이상의
수익을 거두는
부동산을 찾아라!

1.
'신도시'의 적절한 투자 시기 및
저평가 부동산 찾는 방법
– 중동 신도시 사례

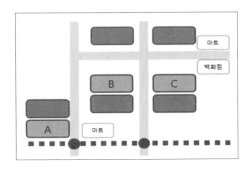

위 그림은 사람들이 가장 선호하는 전용 면적 $85\,m^2$의 아파트가 포함된 단지를 A, B, C 라고 표기하고 주변의 편의 시설과 지하철역(빨간 점), 그리고 도로를 간단하게 표시한 특정 지역의 지도이다.

당신이 이 지역에 투자한다면

A, B, C 중 어느 단지를 선택하겠는가?

사실 현재의 상태만 본다면 대부분의 사람들은 A단지를 선택한다. 그 이유는 A단지가 역에서 가장 가깝기 때문이다. 역세권은 교통이 편리하고 주변에 편의 시설이 집중되다 보니 상권이 크게 형성되어 번화한 경우가 많다. 회사원이라면 출퇴근이 편리한 곳을 우선으로 생각하고, 주부들은 편의 시설이 많은 곳을 선호하므로 이를 충족시켜 주는 A단지를 먼저 선택하게 되는 것이다.

그러나 위 지역은 신도시이고, 앞으로 대형 마트나 백화점 등의 집객 시설과 지하철역이 추가로 들어설 예정이다. 이러한 조건이라면 A, B, C 중에서 어떤 매물을 선택해 어느 시기에 투자해야 가장 높은 수익을 거둘 수 있을까? 실제 사례를 통해, 신도시 아파트에 투자하기 위한 접근 방법을 자세히 알아보자.

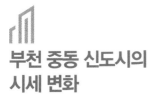

부천 중동 신도시의 시세 변화

앞의 그림이 나타내는 실제 지역은 2000년대 초반 부천의 '중동 신도시'이다. 다음의 지도를 보면, 아래쪽으로 지하철 1호선 송내역과 중동역이 있고, 송내역 근처에는 이전 그림에서 A로 표시했던 '반달 마을'과 B로 표시한 '포도 마을', 그리고 C로 표시한 '미리내 마을'이 자리 잡고 있는 것을 알 수 있다.

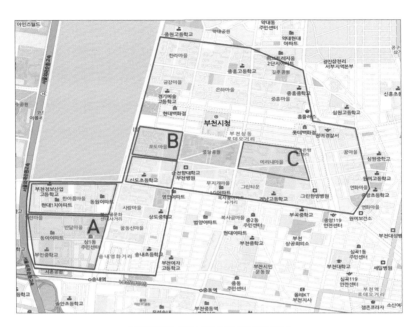

| 2000년대 초반 부천 중동 신도시 지도 |

역에서 가장 가까운 A단지(반달 마을)와 주변의 B, C단지의 2000년대 초반 시세는 어땠을까? 앞에서 이야기했던, 각 단지에 대한 사람들의 선호도가 가격에 어떤 영향을 미쳤을지 다음의 표를 통해 확인해 보자.

연도	반달 마을 극동(A)	포도 마을 삼보, 영남(B)	미리내 마을 동성(C)
	평균가	평균가	평균가
2000년 1월	15,000	13,500	14,000
2000년 2월	15,000	13,500	14,000
2000년 3월	15,000	13,500	14,000
2000년 4월	15,000	13,500	14,000
2000년 5월	14,750	13,500	14,000
2000년 6월	14,750	13,500	14,000
2000년 7월	14,750	13,500	14,000

2000년 8월	15,000	13,500	14,000
2000년 9월	15,000	13,500	14,000
2000년 10월	15,000	13,500	14,000
2000년 11월	15,000	13,500	14,000
2000년 12월	15,000	13,500	14,000

| **2000년 중동 신도시 시세**(단위: 만 원, 출처: 부동산 뱅크) |

역세권인 A단지(반달 마을)의 가격이 가장 높고, 역세권은 아니지만 주변에 편의 시설이 있는 C단지(미리내 마을)가 그 다음, 그리고 B단지(포도 마을)가 가장 낮은 시세를 보이고 있다. 이를 통해 역세권을 선호하는 사람들의 성향이 실제 부동산 시세에 반영된다는 것을 알 수 있다. 그렇다면 당시에, 만약 가장 비싸고 선호도가 높은 A단지에 투자했다면 그 결과는 어떻게 되었을까?

연도	반달 마을 극동(A)	포도 마을 삼보, 영남(B)	미리내 마을 동성(C)
	평균가	평균가	평균가
2000년 12월	15,000	13,500	14,000
2015년 5월	30,650	34,500	32,750

| **2015년 5월 11일자 KB 부동산 시세**(단위: 만 원) |

2015년 5월의 세 단지 시세를 2000년과 비교해 보면, A단지와 B단지의 시세가 완전히 역전된 것을 알 수 있다. 결과적으로 가장 높은 시세 차익을 얻을 수 있었던 투자 지역은 A단지가 아니라 'B단지'였던 것이다.

당장의 편리함과 사람들의 선호도만을 보고 역세권인 A단지를 매입했다면, 위험 부담은 적은 반면 더 높은 수익을 거두기는 힘들다. 투자 경험이 없는 초보자의 경우, 이미 세상에 널리 알려져 있는 투자 공식을 그대로 따르는 것이 최선이라 믿기 쉬운데, 최대한의 수익을 만들어 내고자 한다면 남들과 동일한 잣대로 투자해서는 안 된다. B단지의 '가격 역전의 원인'을 분석하며, 신도시 아파트 투자 방법에 대해 계속해서 살펴보자.

참고

부동산 시세 확인 기준의 변화

2000년대 초반에는 공식 시세 조사 기관이 존재하지 않았다. 당시에는 격주마다 전국 시세를 발표하던 '부동산 뱅크', '부동산 플러스', '부동산 가이드' 등의 사설 부동산 정보지를 이용해 부동산 시세를 확인할 수 있었고, 이를 기준으로 금융 기관은 담보 평가를 했다.

2003년 10월에 '국민은행'에서 처음으로 아파트 시세를 발표했고, 2004년 12월에는 통계청으로부터 'KB 부동산 시세'가 공식적으로 승인을 받게 되었다. 그리고 지금은 거의 모든 곳에서 KB 시세를 기준으로 시세 확인이나 담보 평가를 하고 있다.

'지역 뉴스' 검색으로
주변의 변화 가능성이 높은 곳을 찾아라

　2000년대 초반의 중동 신도시는 길 하나를 사이에 두고 바로 옆에 '상동 지구'가 들어서면서 개발 바람이 불고 있었다. 2002년 초에 상동 지구의 입주가 예정되고, 주변에는 기반 시설과 다양한 편의 시설이 계속해서 만들어지면서 기존 중동 신도시와 더불어 점차 거대한 신도시의 모습을 보이기 시작했다.

　지금도 마찬가지지만, 지역 변화를 쉽게 확인할 수 있는 방법은 주로 인터넷을 통해 언론 기사를 검색하는 것이다. 필자 역시 이 지역에 대한 기사를 꾸준히 검색하기 시작했다. 이때, 가장 눈에 띄었던 기사는 중동 신도시를 관통하는 '지하철 7호선 연장 추진'에 대한 내용이었다.

> **온수 ~ 부평역 지하철 연결 추진** [국민일보 2000. 10. 9.]
> 9일 인천시 도시철도기획단 및 부천시에 따르면 서울 지하철 7호선 온수역 ~ 부천시 상동 신도시 ~ 인천 지하철 1호선 부평구청역 간 9.8km를 연결하는 7호선 연장 노선(또는 인천 지하철 3호선)을 신설하기로 했다.(이하 생략)
>
> **지하철 3, 7호선 연장 국고 지원 추진** [연합뉴스 2002. 8. 5.]
> 서울시는 지하철 3호선을 5, 8호선과 연결하고 7호선을 인천 지하철 1호선에 연계하는 사업을 내년 착공할 수 있도록 국고를 지원받는 방안을 추진키로 했다고 5일 밝혔다.(이하 생략)

　2000년 초에 7호선 연장에 대한 이야기가 처음 등장한 이후 시간이 흐를수록 점점 구체화되기 시작했는데, 기존에 있던 지하철 1호선 외에 추가로 7호선이 연결된다면 이 지역은 크게 달라질 수밖에 없었다. 그런데 문제는, 지하철역의 착공 소식이 지역 전체의 호재이긴 했지만, 어떤 특정 장소에 역이 들어서고 직접적인 혜택을 받을 것인지는 정확히 알 수 없다는 것이었다. 좀 더 확실하게 변화 가능성이 높은 곳을 찾기 위해 '지역 신문'을 포함한 각종 언론 기사들을 살펴보기 시작했다.

월마트 부천 중동점 오늘 개장 [부천 포커스 2002. 4. 4.]
미국계 대형 할인 매장인 월마트 중동점이 4일(오늘) 개장한다. 월마트 중동점은 원미구 중동 부천시청 옆에 지하 2층, 지상 6층, 연면적 4천여 평 규모로 개장된다.(이하 생략)

부천 현대 백화점 입점 예정 [매일경제 2002. 8.]
부동산 투자 업체 로담코 아시아가 부천 동아시티 백화점을 인수하고 이 지역에 대단위 쇼핑몰 건설 사업을 추진한다.(중간 생략) 연면적 4만 6000평 규모의 건물 두 동이 완공된 후에 A동은 현대 백화점이 20년간 장기 임대 계약을 통해 사용하고 B동은 극장과 쇼핑몰로 운영될 계획이다.(이하 생략)

홈플러스 부천 거주자 채용 [부천 포커스 2002. 11. 21.]
내년 1월에 오픈할 예정인 삼성 홈플러스 부천점이 신규 채용 인원 1천5백여 명 중 1천1백여 명을 부천 지역 주민으로 채용할 계획을 밝혔다.(이하 생략)

이곳에 곧 월마트(현재 이마트)가 개장하고 현대 백화점이 입점할 예정이라는 기사들을 찾을 수 있었는데, 백화점에 극장과 쇼핑몰까지 들어오게 된다면 주변 상권이 점점 확대될 수밖에 없다. 또한 근처에서는 홈플러스 개점을 위해 직원을 모집하고 있는 상황이었는데, 이 정도라면 거의 최고 중심 상권에서나 볼 수 있는 모습이었다.

'퍼즐 맞추기'를 통해
기존 정보를 더욱더 구체화하라

앞에서 살펴본 기사 내용들은 이 지역에 어떤 편의 시설이 들어선다는 단순 정보들로 기사 그 자체가 중요한 정보는 아니다. 하지만 이러한 기사들을 조합해 일종의 '퍼즐 맞추기'라는 기술을 사용한다면, 그 '조합의 결과물'이 바로 투자에 대한 중요한 힌트나 핵심 정보가 될 수 있다.

하나의 정보는 하나의 현상을 설명하고 있지만,
'취합된 정보'는 앞으로 다가올 '미래'를 미리 보여준다.

필자는 기사에서 본 지하철 7호선과 편의 시설들의 예정지를 각각 확인하고, 차례차례 지도에 그려보며 조합하기 시작했다. 역세권의 위치와 각종 편의 시설이 들어올 곳을 미리 알 수만 있다면 좋은 위치를 선점해 투자할 수 있는 가능성이 매우 높았기 때문이다. 다음은 처음 보았던 지도에 지하철 7호선과 새로운 편의 시설들을 추가로 표시한 것이다.

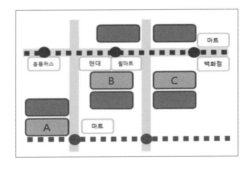

먼저 중동 신도시를 가로질러 지하철 7호선(파란색 선)이 상동 지구를

통과하게 되고, 그 주변에는 각종 편의 시설이 들어선다. 그림처럼 홈플러스, 현대 백화점, 월마트가 7호선 라인에 순서대로 위치하게 되는데, 이 라인은 기존에 이미 백화점(LG 백화점)과 대형 할인 매장(까르푸)이 있던 곳이었다. 그렇다면 미래에 7호선을 주축으로 한 라인이 이 지역의 중심이 될 가능성이 상당히 높았다.

바로 이 라인 위에 B단지(포도 마을)와 C단지(미리내 마을)가 있었고, 그 중에서도 새로 들어서는 편의 시설 인근에 B단지가 위치하고 있었다. 더군다나 B단지는 기존의 역세권이었던 A단지나 편의 시설 주변에 있었던 C단지에 비해 선호도가 낮아 시세가 가장 낮은 편이었다. 그러므로 B단지는 '싸게 사서 나중에 비싸게 팔 수 있는' 최적의 조건을 가지고 있었던 것이다.

대중들이 눈앞의 호재만 보고 판단할 때, 그 다음 움직임을 생각하라

무언가를 미리 예상하고 투자를 한다는 것은 불안감을 동반할 수 있다. 하지만 이 지역에 백화점이나 대형 할인 매장이 생긴다는 사실은 변함이 없었다. 설사 지하철 착공이 지연되거나 무산되더라도 지역 주민을 대상으로 하는 편의 시설은 이미 들어서고 있었기 때문에 시간이 조금 더 걸릴 뿐, 이곳이 중동과 상동의 중심지가 될 가능성은 매우 높았다.

완성된 실체가 보이지 않아 관심을 두지 않았지만, 머지않아 확연하게 달라진 환경에 마주치게 된다면 사람들은 과연 어떻게 생각할까? 아마도 '언제 이렇게 변했지?'라고 놀라고, '나도 여기에 살면 정말 좋겠다.'고 생각할 수도 있다. 즉, 실체가 드러나기 시작하면 그때부터 사람들의 관심과 수요가 점점 증가하는 것이다.

다음은 2000년 이후 A, B, C 세 단지의 시세 변화를 나타낸 그래프이다. 포도 마을(B단지)을 자세히 살펴보면, 상동 지구의 입주를 앞두고 있던 2001년 하반기에 처음으로 상승의 움직임이 시작되었다. 그리고 위에서 언급한 대형 할인 매장과 백화점 및 각종 인프라 시설들이 이 지역에 들어서던 2002년 초부터 시세가 급격히 상승한 것을 확인할 수 있다.

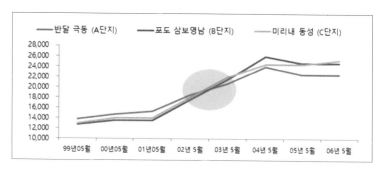

| 중동 신도시 세 단지의 시세 변화 |

특히 2003년에 접어들면서 7호선 지하철 연장이 확정되고, 각종 편의 시설이 입점하면서 포도 마을은 기존의 선두 주자였던 반달 마을을 역전 하고 멀찌감치 추월해 나가기 시작했다. 그리고 현재까지도 이 격차를 계속해서 유지하고 있다.

| 포도 마을 주변의 이마트(舊 월마트)와 현대 백화점 앞 계남대로 |

| 포도 마을 바로 앞의 중심 상권 |

대중들, 특히 초보 투자자들은 눈앞에 보이는 호재에만 반응하고 현재의 시각으로 주변을 바라보는 경우가 많다. 그러고는 시간이 흘러 실제로 주변 환경이 변화하기 시작하고 나서야 관심을 갖게 된다. 뒤늦은 것에 대해 후회하면서 말이다.

다시 한 번 강조하지만, 투자를 잘한다는 것은 그 자체로 좋은 매물을 고르는 것이 아니다. 현재는 저평가되어 있지만 가장 높은 수익을 낼 수 있는 매물을 골라내는 것이 가장 중요하다.

이를 위해서는 대중들의 한발 느린 행보에 동참할 것이 아니라, 미래에 지역이 어떻게 변화할 것인지 꾸준히 정보를 찾고 취합하여 '본인만의 투자 정보'를 만들어야 한다. 그리고 이렇게 만들어진 정보를 통해, 앞으로 '대중들의 움직임'이 어떠할 것인지를 먼저 생각하고 성공적인 투자의 기회를 선점해야 한다는 것을 꼭 기억하자.

2.
큰 수익을 얻을 수 있는
'미분양' 아파트 투자 방법
– 원흥 지구 사례

    부동산 시장에서 남들과 똑같이 생각해서는 제대로 된 기회를 만나기 힘들다. 다른 사람들 눈에는 현재 불확실성과 리스크가 존재해 투자 가치가 없는 것으로 보이지만, 향후 가치를 제대로 평가받을 수 있는 '숨겨진 장점'을 가진 부동산을 찾아낼 수 있어야만 차별화된 수익을 거둘 수 있다.

    필자가 대부분의 사람들이 꺼려하는 '미분양' 아파트 투자로 '1억 원'이라는 시세 차익을 얻을 수 있었던 것도 차별화된 생각과 투자 노하우가 있었기에 가능했다. 미분양 아파트 중에서도 보석이 될 원석을 골라낼 수 있는 방법과 실제로 원석이 보석으로 변화하는 과정을 살펴봄으로써, 투자 고수들이 '억' 소리 나는 수익을 얻는 것을 부러워하지만 말고 본인의 경험으로 만들어 보기 바란다.

다른 사람들은 관심 갖지 않는 미분양 아파트

정부는 2009년 4월, 서울과 그 주변 그린벨트*를 풀어 하남 미사 지구, 강남 세곡 지구, 서초 우면 지구, 그리고 고양 원흥 지구까지 총 네 곳의 보금자리 시범 지구를 선정하고, 민영 아파트보다 약 15% 이상 싼 가격에 분양하기로 하는 '2009년 주택 종합 계획'을 발표했다. 기존보다 저렴한 분양가로 공급된다는 소식에 서민들의 관심이 집중되었는데, 그해 10월 사전 청약이 시작되면서 평균 4.1 대 1의 높은 청약률을 기록했다. '원흥 지구' 역시 일반 공급분이 약 2.8 대 1로 마감되는 등 초반에는 보금자리 지구의 인기가 매우 높았다.

그러나 2년이 지난 2011년 10월, 사전 청약자를 대상으로 원흥 지구의 본 청약이 시작되자 전혀 예상치 못한 결과가 나왔다. 2년 전 사전 예약을 했던 당첨자 중 과반수가 아예 청약조차 하지 않고 입주 자격을 포기한 것이다. 원흥 지구에 앞서 본 청약을 진행했던 강남 세곡과 서초 우면 지구의 청약 포기자가 약 10%도 안 되었던 것에 비하면 정말 참담한 결과였다.

그렇다면 왜 원흥 지구는 청약을 포기한 사람들이 많았던 것일까? 몇 개월간을 장식했던 언론 기사를 통해 당시의 상황을 살펴보자.

---

* **그린벨트**
= 개발 제한 구역
도시의 무질서한 확산 방지와 자연환경의 보전을 위하여 국토 교통부 장관이 도시 개발을 제한하도록 지정한 구역 기사에서 느껴지듯이 당시 사람들은 부동산 가격 하락에 대한 공포감이 매우 컸다. 시장이 살아나기는커녕 오히려 얼어붙고 있었고, 원흥 지구가 있는 고양시는 미분양 아파트의 증가로 더 심각한 상황이었다. 미래의 결과는 알 수 없다고 하지만, 당시 고양시의 모습은 누가 보더라도 악화일로에 접어든 것처럼 보였다. 이런 지역에 추가로 분양을 한다고 하는데, 과연 어느 누가 쉽게 청약을 할 수 있었겠는가?

그뿐 아니라 '강남 보금자리'라는 투자 대안도 남아 있었다. 위례 신도시의 분양이 같은 해 12월에, 이후에도 강남 세곡 2지구와 내곡 지구의 공급이 예정되어 있었다. 어차피 청약을 할 거라면 불안해 보이는 원흥 지구보다 강남 보금자리를 선택하는 것이 훨씬 안전하다고 생각했기 때문에 많은 사람들이 원흥 지구 청약을 포기하고 손실을 회피하는 방향으로 행동할 수밖에 없었다.

손실 회피 성향

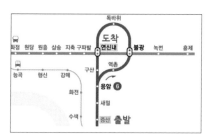

위 그림은 6호선과 3호선을 환승할 수 있는 서울 지하철 노선의 특정 구간이다. 증산역에서 연신내역으로 가기 위해서는 두 가지 노선이 있는데, 첫 번째는 6호선을 그대로 타고 환승 없이 연신내역으로 가는 방법(여섯 정거장)이고, 두 번째는 불광역에서 3호선으로 환승하는 방법(다섯 정거장)이다.

이때, 대부분의 사람들은 정거장 수가 하나 더 많더라도 환승 없이 편하고 안전하게 도착할 수 있는 첫 번째 방법을 선택한다. 만약 한 정거장을 단축시키려고 불광역에서 환승한다면 길을 몰라 헤매거나 갈아탈 전철을 기다리느라 시간이 더 걸릴 수도 있기 때문이다. 이처럼 불확실성에 기인하는 불편함이나 손해에 대해서는 기피하고, 좀 더 안전한 방법을 찾으려는 행동 패턴을 '손실 회피 성향'이라고 한다.

부동산 투자를 할 때에도 많은 사람들은 미래의 결과를 쉽게 예상할 수 없는 부담스러운 상황에 닥치게 되면 이처럼 손실을 회피하는 방향으로 선택하려고 한다. 문제는 이로 인해 절호의 투자 기회를 놓치는 경우가 자주 발생한다는 점이다. 한때, 보금자리 시범 지구의 낙제생이었던 '고양시 원흥 지구'는 이러한 손실 회피 성향과 그 결과를 극명하게 보여주는 사례이다.

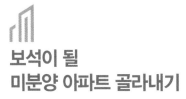

보석이 될
미분양 아파트 골라내기

　시간이 흐름에 따라 부동산은 계속 변화한다. 현재는 투자 대상으로서 확신을 갖기 힘든 미분양 아파트일지라도 남들보다 먼저 '숨겨진 장점'을 찾아낸다면 '보석'이 될 수 있는 부동산을 선점할 수 있다. 필자가 그랬던 것처럼 말이다. 단, 여기에서 주의해야 할 점은 주관적인 판단을 배제해야 한다는 것이다. 지도에서 보이는 모습과 주변 시세를 서로 비교해 실마리를 찾고, '앞으로 이렇게 변할 것이다.'라는 막연한 추측이 아닌 '실제 확정된 계획'을 근거로 투자 대상을 분석해야 한다.

1 '지도'를 통해 장점 찾기

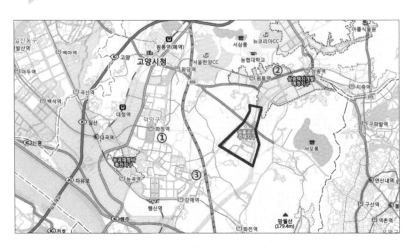

| 고양시 원흥 지구 주변 지도 |

그림에서 보는 것처럼 원흥 지구는 '서울'을 기준으로 서쪽에서 가장 가까운 지역이다. 신도시인 일산보다 훨씬 가까울 뿐 아니라 기존에 서울에서 가장 가깝다고 알려져 있던 행신, 화정 지구보다도 좀 더 가까운 곳에 있음을 알 수 있다. 부동산 투자에 있어서 지리적 위치가 제1조건임을 생각해 보면, 이 지역은 서울과 가깝다는 것이 가장 뛰어난 장점이었다. 따라서 개발이 진행됨에 따라 추가적으로 수요가 늘어날 가능성이 높았다.

게다가 북쪽에 있는 또 다른 택지 개발 지구인 '삼송 지구' 바로 밑으로 원흥 지구가 이어지면서 일종의 신도시와 같은 서울 서북부의 거대한 주거벨트를 형성할 것이라고 예상했다.

2 주변 지역과의 '시세 비교'로 장점 찾기

부동산 시세는 사람들이 그 지역을 어떻게 평가하고 있는지 확인할 수 있는 중요한 정보이다. 따라서 주변의 시세를 조사하고 비교해 봄으로써 해당 지역의 적절한 시세를 판단하는 근거로 삼을 수 있다.

예를 들어, 거주하고 있는 85m^2 아파트 가격이 현재 2억 원이라고 한다면 바로 옆의 지은 지 얼마 안 되는 새 아파트는 2억 원보다 더 높은 가격일 가능성이 높다. 기존에 지어진 것보다 새로운 아파트에 거주하려는 욕구가 더 크기 때문이다. 반대로 좀 더 오래된 아파트라면 대개 2억 원보다 낮을 것이다. 그런데 이 지역에서 신규 아파트를 1억 8천만 원에 분양한다면 기존 아파트에 비해 최소 2천만 원 이상의 시세 차익을 예상할 수 있다.

다음 표는 원흥 지구의 분양가와 주변의 유사한 아파트들의 시세(원흥 지구 본 청약 직전인 2011년 9월 기준)를 비교한 것이다. 당시 부동산 시장이 워낙 침체되어 있었기 때문에 주변 아파트의 일반 매매가가 아닌 하한가를 통해 최대한 보수적으로 살펴보자.

대상 아파트	총 분양 금액	주택형	하한가	주변 아파트
원흥 지구	19,979	59	23,250	① 옥빛 13단지(화정)
	25,528 ~ 25,822	74(75)	33,800	② 계룡 리슈빌(삼송)
	28,792 ~ 29,030	84	36,000	③ 서정마을 4단지(행신)

| **원흥 지구 분양가와 당시 주변 아파트 시세 비교**(가격 단위: 만 원) |

※ 주변 아파트: 앞의 지도에 ①, ②, ③으로 위치 표시

　　표를 보면, 원흥 지구 분양가가 주변 시세에 비해 현저히 낮다는 것을 알 수 있다. 고양시가 다른 지역에 비해 더 침체된 곳이라고는 하지만, 같은 시에 있는 주변 단지의 하한가에도 못 미치는 분양가였던 것이다. 침체가 지속되어 기존 아파트 가격이 몇 천만 원 더 하락하더라도 원흥 지구의 분양가는 그보다 훨씬 더 낮기 때문에 손해를 볼 가능성이 거의 없는 가격이었다.

　　더구나 입주 시점에는 주변 아파트보다 유리한 새 아파트라는 점으로 인해 수요가 늘어날 가능성이 높았고, 만약 시장 분위기가 살아난다면 최소한 주변 시세보다 가격이 더 상승해서 시세 차익이 매우 클 것으로 예상되었다. 이처럼 주변 지역과의 시세 비교를 통해 판단하기에 원흥 지구의 분양가는 안정적인 수준이었다.

주변에 새로운 개발 계획이 있는 지역은 대중에게 많은 관심을 받는다. 특히 타 지역과의 접근성이 확연하게 달라졌을 때, 사람들은 지역의 변화를 가장 민감하게 느낀다. 따라서 정부나 지자체의 교통 계획 정보를 먼저 확인하여 향후 해당 지역에 대한 변화를 사전에 감지할 수 있다면 적절한 투자처를 찾는 데 도움이 될 것이다.(교통 계획 정보는 국토 교통부 등 정부 부처나 지자체 홈페이지를 통해 찾아볼 수 있다.)

다음 그림은 2009년 9월 국토 교통부(당시 국토 해양부)가 발표한 보금자리 시범 지구 개발에 따른 지구 계획 승인 자료에서 발췌한 원흥 지구의 〈광역 교통 개선 대책도〉이다.

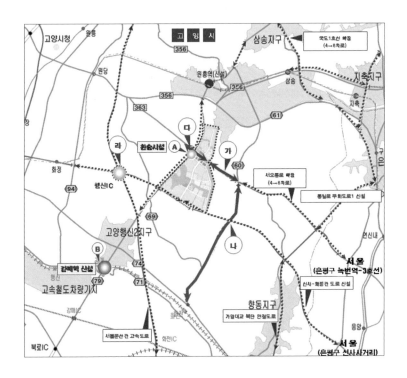

도로시설						
지점	사업명	연장(km)	차로수(차선)	시행시기	사업비(억원)	시행주체(재원분담주체)
가	고양시도55호선 (서오릉길) 확포장 (창릉천~시도60호선)	0.83	6→8	2013년	300	사업시행자
나	고양시도 60호선 (화랑로) 확포장 (시도55호선~수색로)	3.18	4→6	2013년	800	사업시행자

환승시설				
지점	사업명	시행시기	사업비(억원)	시행주체(재원분담주체)
A	BRT 환승시설건설	2013년	100	사업시행자

철도시설				
지점	사업명	시행시기	사업비(억원)	시행주체(재원분담주체)
B	경의선 강매역 신설	2013년	150	사업시행자

접속시설					
지점	사업명	개선내용	시행시기	사업비(억원)	시행주체(재원분담주체)
다	고양시도55호선 (서오릉로)	지하차도 (왕복 4차로)	2013년	330	사업시행자
라	서울~문산간 고속도로 (행신 IC)	입체교차로	2013년	100	국토해양부 (사업시행자)

| 보금자리 시범 지구 계획 중 원흥 지구 개발 계획(국토 교통부 2009. 9. 27.) |

이 자료를 보면 원흥 지구 북쪽에는 3호선 원흥역이, 남쪽에는 경의선 강매역이 신설될 예정임을 알 수 있다. 원흥 지구를 직접 통과하지는 않지만, 마을버스로 몇 정거장이면 도착할 수 있는 거리에 서울로 향하는 두 개의 지하철역이 자리 잡고 있다는 것은 향후 이 지역의 교통이 매우 편리해질 것임을 암시하고 있다.

또한 이 지역은 서울로 향하는 도로가 확장되고 신설될 계획이었는데, 기존 원흥 지구를 통과하는 서오릉로가 6차선으로 확장되고, 신사~화정 간 도로(일명 백신 도로)가 신설될 예정이었다. 이 모든 것은 '서울과의 접근성 확대'를 의미한다.(이후에 다국적 기업인 '이케아'가 원흥 지구에 입점을 결정한 계기는 이러한 서울과의 접근성 및 교통의 편리함 때문일 것이다.) 이 밖에도 행신 2지구를 통과해 강변북로로 직접 이어지는 원흥~강매 간 도로 연결 등 교통 인프라가 계속 확장되고 있었다.

미분양 아파트가 보석이 되어가는 과정

"사촌이 땅을 사면 배가 아프다."는 속담이 있다. 사촌이 50평에 살면 나도 50평으로 이사를 가야 속이 시원하고, 고등학교 동창이 명품 가방을 들고 나타나면 나 또한 적금을 깨서라도 비슷한 것을 장만해야 마음이 편해진다. '네가 이만큼 할 수 있는데 나라고 못하겠나!'라는 묘한 경쟁 심리가 우리들의 마음속 깊이 내재되어 있는 것이다. 이러한 심리는 부동산 가격을 비교하는 과정에서도 비슷하게 나타나는데, 원흥 지구 역시 입주 이후부터 이와 동일한 현상이 나타났다.

| 원흥 지구 주변 개발 당시 모습 | | 원흥 ~ 강매 간 도로 개통 직후 |

이제 막 원흥 지구의 $85\,m^2$ 아파트가 완공되어, 페인트 냄새가 가시지 않은 새집에 기분 좋게 입주했다고 가정해 보자. 새로 개발된 곳이라 아직 교통 시설이 제대로 갖춰지진 않았지만, 출퇴근을 하다 보니 역과의 거리는 생각했던 것보다 가까운 편이다. 곧 ○○ 마트가 입점할 예정이고, 거주하기에 크게 불편한 점이 없다.

입주자 입장에서, 새 아파트이면서도 교통이나 편의 시설은 주변 지구와 비교해도 뒤떨어지지 않는 이곳의 가격이 분양가(보금자리 지구로 분양가가 낮았다.) 그대로 현저하게 낮게 형성되어 있다면 어떤 생각이 들까? 대부분의 입주자들은 내 집이 낮게 평가되고 있다는 사실에 기분 나빠할 것이며, 최소한 주변 아파트와 비슷한 수준의 대접을 받기 원할 것이다. 이러한 심리로 인해 누가 뭐라 할 것 없이 조금씩 가격을 높여 부르는 현상이 나타나게 된다.

아무리 가격을 높여 부른다고 해도 사려는 사람이 그 가격에 사지 않으면 그것은 허황된 가격이다. 하지만 세상에는 새 아파트에 살기를 원하는 사람들이 정말 많다. 가격이 조금 올랐다고 해도 주변 시세보다는 아직 싼 편이고, 거주 환경이 괜찮은 새 아파트라는 것을 확인하게 되면 결국 오른 가격에도 매수를 결정할 것이다. 분양 당시에는 많은 사람들이 주저했지만, 지금은 변화된 환경이 눈에 보이니 쉽게 매수할 수 있는 것이다. 결국 높여 부른 가격이 실제 거래 가격이 되고, 이 과정이 반복되면서 시세는 상승할 수밖에 없다.

대상 아파트	일반가	주택형	일반가	주변 아파트
원흥 지구	미공개	59	28,000	① 옥빛 13단지(화정)
	36,000	74(75)	39,750	② 계룡 리슈빌(삼송)
	38,000	84	38,750	③ 서정마을 4단지(행신)

| 원흥 지구와 주변 아파트 시세 비교 |
(가격 단위: 만 원, 2015. 8. 14. KB 시세 기준)

2015년 8월, 원흥 지구와 주변 아파트의 KB 시세를 비교해 보면, 공개되지 않은 $59m^2$를 제외하고는 주변의 핵심 지역에 거의 근접한 가격까지 추격한 것을 확인할 수 있다. 실제로 '미분양 아파트'였던 원흥 지구에 투자해서 필자가 얻은 시세 차익은 약 '1억 원'이었다.

이와 같이 큰 시세 차익을 얻으려면 남들이 쉽게 인식하지 못하는 투자 기회를 먼저 발견할 수 있어야 한다. 주변 지역과의 입지와 시세를 비교하고, 지역의 개발 정보를 꼼꼼하게 분석해서 다른 사람들이 찾지 못한 숨겨진 장점들을 찾아내야만 하는 것이다. 성공적인 부동산 투자는 '운(運)'이나 '감(感)'이 아니라, 실력을 쌓기 위한 끊임없는 '노력'을 통해 성취할 수 있다.

미분양 아파트 투자 시
추가로 알아야 할 사항

사람들이 분양 당시 원흥 지구 투자를 회피했던 이유는 크게 세 가지였다. 첫 번째는 부동산의 침체가 계속 이어지고 있다는 것이었고, 두 번째는 고양시의 미분양 물량이 너무 많아서 앞으로 이 지역의 시세 상승 가능성이 없어 보인다는 것, 그리고 마지막 세 번째는 당시 전매 제한*이 7년이라는 점이었다. 그렇지 않아도 투자하기 부담스러운 지역인데, 이러한 정보를 언론이 계속 확대하고 재생산하는 과정에서 대중들이 느끼는 두려움은 더욱더 커질 수밖에 없었다. 초보자와 고수의 차이는 바로 여기서 나타난다.

절호의 투자 기회를 잡기 위해서는
'불안 요소 제거'가 '장점 찾기' 못지않게 중요하다.

1 정부의 의도를 파악하라

제거해야 할 불안 요소 1: 부동산 시장의 침체

부동산 시장의 침체가 지속되면 정부는 절대로 그 상황을 방치할 수 없다. 보금자리 주택의 공급은 경기 침체의 영향으로 민간 부분의 공급이 감소해 일어나는 수급의 불균형을 방지하기 위해서였다. 과거 IMF 금융 위기 이후 주택 공급이 급감하면서 집값이 크게 상승했던 전철을 밟지 않기

---

* **전매 제한**
　새로 분양되는 주택에 당첨된 뒤 일정 기간 동안 사고팔지 못하도록 하는 조치

위해서 말이다. 그만큼 정부에게 있어서는 서민의 주거 안정과 주거 수준 향상 측면에서 매우 중요한 정책이었다.

이러한 정책의 실패는 무능력한 정부에 대한 실망으로 이어져 민심이 흔들리고 반감이 높아질 수밖에 없다. 따라서 보금자리 주택마저 실패한다는 것은 정부에게 큰 짐이었다. 결국 시간이 문제일 뿐, 정부는 시장을 정상화하기 위해서 추가적인 대책을 내놓을 수밖에 없다고 판단하였다.

2 언론에 휘둘리지 마라

제거해야 할 불안 요소 2: 미분양이 많은 고양시

원흥 지구 본 청약(2011년 10월) 직전에 보도된 언론 기사를 살펴보자.

> **수도권 준공 후 미분양 87%가 중대형** [매일경제 2011. 8. 19.]
> 집은 다 지어졌지만 주인을 찾지 못해 비어있는 수도권 준공 후 미분양 주택 10채 중 9채는 전용 면적이 85㎡를 넘는 중대형인 것으로 나타났다.(중략)
> 경기도 미분양의 65% 이상은 용인시(3348가구)와 고양시(2595가구)에 집중돼 있었으며 이 두 지역의 중대형 비율은 무려 97%와 98%에 달했다.(이하 생략)

기사에서 보는 것처럼 고양시 미분양 아파트의 98%는 중소형이 아닌 중대형이었다. 주로 덕이·식사 지구와 같이 서울에서 먼 고양 외곽에 위치한 경우가 많았고, 원흥 주변의 삼송 지구 미분양 물량도 있었지만 역시 중대형이었다. 기사에 따르면 미분양의 2% 정도만이 중소형 비율이란 말인데, 원흥 지구는 85㎡ 이하의 중소형 아파트였다. 또한, 앞에서 분석한 것처럼 서울과의 거리도 가깝고 주변 지역과 대비해 가격 경쟁력도 높았다. 고양시에 미분양 물량이 많다는 기사를 보고 막연히 두려워했던 실체는 알고 보니 존재하지도 않았다. 원흥 지구에 대해서는 미분양에 대한 부담감을 느껴야 할 이유가 전혀 없었던 것이다.

초보 투자자들이 매번 좋은 투자 기회를 놓치는 이유가 바로 여기에 있다. 기존에 알려진 몇 개의 언론 기사로만 판단하다 보니 좀 더 정확한 본질을 알지 못하는 것이다. 본질을 제대로 파악하기 위해서는 앞에서 말했던 '퍼즐 맞추기'를 통해 정보들을 취합하고 구체화시켜야 한다는 것을 꼭 기억하기 바란다.

3 부동산 가치가 뛰어나면 규제는 장애가 되지 않는다

제거해야 할 불안 요소 3: 전매 제한 7년

원흥 지구 투자를 사람들이 부담스러워했던 또 다른 이유는 전매 제한이 7년이라는 점이었다. 하지만 좀 더 생각해 보면 본질은 그게 아니었다. 원흥 지구 직전에 분양했던 강남과 서초 보금자리의 전매 제한은 3년이나 더 긴 10년이었는데도 불구하고 인기리에 마감되었기 때문이다.

상식적으로 말이 안 되는 이 현상의 원인은 알고 보면 간단하다. 강남, 서초 보금자리는 돈이 될 것 같으니 10년 전매 제한이라도 상관없지만, 돈이 될지 알 수 없는 원흥 지구의 7년은 불안했던 것이 본질이었다. 단순히 전매 제한의 기간보다는 원흥 지구가 과연 수익이 날 만한 곳인지 알 수 없었던 '불확실성'이 사람들에게는 더 큰 부담이었던 것이다.

앞서 말한 것처럼 보금자리 지구는 정부의 중점 추진 전략이었다. 정부 입장에서는 정책 실패라는 부담을 떠안을 수 없었기에 보금자리 시범 지구의 성공이 절대적으로 필요했다. 그런데 투기를 막기 위해 도입한 전매 제한 정책이 오히려 구매 의욕을 제한함으로써 시장의 침체를 조장하고 일부 보금자리 지구에 좋지 않은 영향을 주고 있던 것이다. 정부는 시장의 침체를 막기 위해 전매 제한을 완화해 거래가 용이하도록 정책을 수정할 가능성이 높았고, 이러한 전후 상황을 이해한다면 당장의 전매 제한 때문에 이 지역을 회피할 이유가 전혀 없었다.

실제로 2012년 5월, '5.10 부동산 대책'의 일환으로 원흥 지구의 전매 제한 기간이 7년에서 4년으로 완화되었다. 이후 2014년 '9.1 부동산 대책'과 하반기 후속 조치로 인해 입주와 동시에 매매가 가능하도록 변경되면서 이 지역의 전매 제한은 완전히 폐지되었다.

초보자들은 마음이 급하다. 실력을 갖추기도 전에 빨리 좋은 결과를 얻으려고 한다. 그러면서도 본능적으로 불확실한 미래를 피하려고 하다 보니 사실을 근거로 합리적인 판단을 내리기보다는 고수에게 의존하거나 초보자인 자신이 보기에도 확실히 가격이 오를 만한 곳을 선택할 가능성이 매우 높다. 이처럼 누구에게도 좋아 보이는 안전한 부동산만을 찾으려 한다면 강남 보금자리처럼 당첨 확률이 낮을 수밖에 없다. 마치 복권 당첨을 기대하는 것처럼 말이다.

제대로 된 수익을 얻으려면 대중들이 확신을 갖지 못하는 물건에서 장점을 찾고 불안 요소를 제거함으로써 투자 가치를 발견할 수 있어야 한다. 불확실성과 불안감의 실체가 알고 보면 큰 의미가 없는 것은 아닌지, 일정 시간이 지나면 자연적으로 해결될 문제는 아닌지 끊임없이 고민하는 과정이 필요하다. 그리고 나름대로의 확신이 서면, 손실을 회피하려는 대중의 심리를 역이용해 먼저 선점하는 것이 최선의 투자 방법이다.

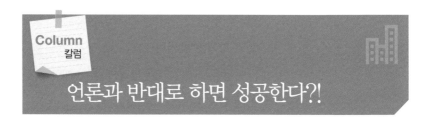

Column
칼럼

언론과 반대로 하면 성공한다?!

초보 투자자는 언론 기사를 맹신하는 경우가 많다. 언론 기관을 뛰어난 전문가들이 모인 집단이라 생각하기에 이들이 제공하는 다양한 투자 정보를 통해 본인에게 부족한 점을 채울 수 있다고 믿고 관심을 기울이기 때문이다. 필자 역시 처음 부동산 투자를 시작할 때에는 신문 기사를 통해 정보를 접하였고, 그 정보가 큰 도움이 되었던 것은 분명한 사실이다.

하지만 이제는 언론에서 제공하는 정보를 맹목적으로 의존해서는 안 되는 세상이 되었다. 시장 환경이 변화하면서 상업화된 언론사들은 중립적이고 객관적인 정보를 제공하기보다는 독자들을 유치하기 위해 치열한 경쟁을 벌이고 있다. 이로 인해, 자극적이고 검증되지 않은 정보를 담은 기사들이 넘쳐나고 있는 것이다. 따라서 잘못된 정보에 휘둘리지 않으려면 언론의 숨겨진 속성을 반드시 확인할 필요가 있다.

1 언론은 '허풍쟁이'다

새로운 투자 정보에 목말라 있는 독자의 요구에 맞춰, 언론은 특히 지하철 착공이나 도로 개설 등 교통 시설과 관련한 기사를 자주 언급하는 경향이 있다. 교통 환경이 달라지면 해당 지역 내 부동산 가격이 상승하는 경우가 많기 때문에 투자자들이 관심을 많이 가지는 분야이기 때문이다. 문제는 언론이 정확한 확인이나 검증 없이 불확실한 정보를 기사화함으로써 이제 막 부동산에 관심을 갖게 된 초보 투자자들이 혼란에 빠지는 경우가 많다는 점이다. 사례를 통해 확인해 보자.

신분당선 삼송 – 식사 – 중산 – 킨텍스 구간 연장 건의안 경기도 의회 통과
[아시아투데이 2014. 4. 15.]

일산에도 신분당선이? 새 길 뚫린다. [신아일보 2014. 11. 25.]

2014년에 나온 위의 기사는 일산 킨텍스까지 신분당선이 연결된다는 내용이다. 이 기사 제목만 보면 곧 일산까지 신분당선이 착공될 것 같은 느낌이지만, 유감스럽게도 새 길이 뚫린다는 말은 사실이 아니다. 기사를 자세히 살펴보면, 경기도 의회가 삼송에서 킨텍스까지 신분당선을 연장해 달라는 내용이 포함된 건의안을 통과시켰으며, 이 건의안이 정부의 기획 재정부와 국토 교통부에 이송되어 앞으로 추진 협의를 한다는 내용이다. 앞에서 확인한 지하철이 착공되기 위한 가장 첫 번째 조건인 〈국가 철도망 구축 계획〉에는 아직 포함되지도 않았다는 말이다. 단지 그 계획에 포함될 수 있는지의 여부를 검토해 달라고 경기도가 정부에 의견을 제시했다는 것이 fact(사실)이다.

하지만 언론사는 〈국가 철도망 구축 계획〉에 반영이 되어야만 논의한 내용이 실제로 진행될 수 있다는 중요한 정보를 우리에게 제공하지 않았다. 제목만 보면 마치, 신분당선의 킨텍스 연장이 확정되어 곧 착공할 것만 같은 뉘앙스를 풍기며 우리에게 '허풍'을 치고 있었던 것이다.

제3차 국가철도망 구축계획안 중 경기·인천 노선 현황

신규 노선	사업구간	연장(km)	재반영 노선	사업구간	연장(km)
경부고속선KTX	평택-오송	47.5	서해선	소사-원시	23.3
중앙선	용산-청량리-망우	17.3		원시-홍성	89.2
수서광주선	수서-광주	19.2	성남여주선	성남-여주	57
어천 연결선	어천역-경부고속선	2.4	중부내륙선	부발-문경	94.8
지제 연결선	서정리역-수도권고속선	4.7	인덕원수원선	인덕원-수원(서동탄)	35.3
평택부발선	평택-부발	53.8	월곶판교선	월곶-판교	39.4
수도권광역급행철도(GTX)	송도-청량리	48.7	수인선	수원-인천	52.8
	의정부-금정	45.8	신안산선	안산-여의도, 여의도-서울	46.9
	파주-삼성	43.1	신분당선	정자-광교	12.8
신분당선	호매실-봉담	7.1		광교-호매실	11.1
신분당선서북부 연장	동빙고-삼송	21.7	진접선	당고개-진접	14.8
원종홍대선	원종-홍대입구	16.3	수도권 광역급행철도(GTX)	삼성-동탄	39.5
위례과천선	복정-경마공원	15.2		킨텍스-삼성	36.4
도봉산포천선	도봉산-포천	29	별내선	암사-별내	12.9
일산선 연장	대화-운정	7.6	하남선	상일-창우	7.6
인천신항선	월곶-인천신항	12.5	포승평택선	포승-평택	30.3
재반영 노선	사업구간	연장(km)	경원선	동두천-연천	20.8
여주원주선	여주-원주	20.9		백마고지-군사 분계선(월정리)	11.7
수도권고속선(KTX)	수서-평택	61.1	경의선	문산-도라산	9.7
서해선	대곡-소사	19.6			

이것은 2년이 지난 2016년, 국토 교통부에서 발표한 〈제3차 국가 철도망 구축 계획〉(2016~2025년)에서 최종 확정된 노선 중 경기·인천 지역의 현황을 표기한 것이다. 신분당선 '삼송~킨텍스 구간'에 대한 내용은 찾을 수 없고, 서울 동빙고에서 삼송까지의 서북부 연장 구간만 확정된 것을 알 수 있다. 선정된 '동빙고~삼송 구간' 역시 이제 막 국가 철도망 구축 계획에 포함된 것이므로 착공의 두 번째 조건인 '타당성 조사'와 '노선 지정', 세 번째 조건인 '사업자 발주와 선정'까지는 아직 한참 남은 상태다. 확정된 구간이더라도 실제로 착공할 때까지는 상당한 시일이 걸릴 것이다.

투자자라면 부동산과 관련한 기사, 특히 도로나 지하철과 같은 교통망 관련 기사를 그대로 믿어서는 안 된다. 그 기사가 정확한 사실에 기반을 두고 있는지, 과장된 것은 아닌지 꼭 확인 절차를 거쳐야 한다. 언론은 '허풍쟁이'일 수 있다는 사실을 꼭 기억하자.

2 언론은 '따라쟁이'다

우리는 보통, 언론이 사회에서 일어나는 다양한 현상을 심층적으로 분석해서 객관적으로 제공할 것이라는 믿음을 가지고 있다. 물론 이런 기사도 많다. 하지만 부동산 관련 기사는 분석적이고 객관적인 내용을 전달하기보다는 언론 기관과 관계가 있는 정보원의 발표나 의견 및 요청 사항을 그대로 보도하는 관행이 더 많은 편이다. 앞에서 언급했던 일산 킨텍스까지 신분당선이 연결된다는 기사와 관련하여 다른 기사들도 확인해 보자.

신분당선 연장 안 최대 수혜자, 식사 지구 '일산 ○○' 관심 집중
[서울경제 2014. 10. 15.]

신분당선 연장 안 최대 수혜자, 식사 지구 '일산 ○○' 관심 집중
[세계일보 2014. 10. 20.]

'신분당선 일산 연장'이라는 확정되지 않은 내용을 가지고 많은 언론사들이 대중에게 유혹의 손길을 보내고 있다. 심지어 어떤 경우에는 위 사례처럼 기사 제목까지 똑같다.(물론 내용까지 모두 같은 것은 아니다.) 여기서 주의할 점은 우리에게 유용한 투자 정보를 전달하기보다 건설사들이 제공하는 정보를 가지고 특정 지역의 특정 아파트를 홍보하는 역할을 대행하는 언론이 상당히 많다는 것이다.

예를 들어, 기사 내용 중에 특정 지역의 호재를 세세하게 설명하다가 마지막에 그 지역에서 분양하는 건설사나 아파트를 언급한다면 이는 정보 제공이 아니라 광고일 가능성이 매우 높다. 심지어는 제목만 봐도 이런 판단이 가능하다. '어느 지역이 수혜지?', '○○ 수혜지 들썩들썩', 또는 '○○ 지역 투자자 주목' 등 사람들이 관심을 가질만한 제목을 내세우고 좋은 투자처를 알려주는 것처럼 보이는 기사의 대부분은 광고이다. 상당수의 언론사에서 이런 유형의 기사를 매번 따라 한다.

> **일산 ○○ 지구, 신분당선 고양 연장으로 주목받을까**
> [매일경제 2014. 2. 10.]
>
> **신분당선 연장선 방안 본회의 통과, 일산 ○○ 수혜 눈길**
> [아시아뉴스통신 2014. 10. 2.]

메이저 언론사뿐 아니라 중소 언론사 모두 동일한 내용을 반복적으로 따라 하며 우리에게 제공하는 것을 확인할 수 있다. 특히 이러한 사례가 더 자주 나타나는 경우가 바로 '선거철'이다. 선거철에는 많은 득표를 원하는 의원들이 아직 검토조차 되지 않은 개발 계획을 기삿거리로 제공하고, 언론사는 이를 기다렸다는 듯이 대중에게 다시 전달하는 경우가 상당히 많다.

언론은 이해관계가 얽힌 상대를 대변해 그들이 제공한 검증되지 않은 투자 정보를 대중에게 전달하는 '따라쟁이'임을 잊어서는 안 된다. 현명하게 투자하기 위해서는 기사를 그대로 받아들일 것이 아니라, 언론사가 심층 분석한 정보인지 아니면 상업적인 목적을 가지고 있는 정보원으로부터 제공된 기사인지를 구별하려는 노력이 필요하다.

3 언론은 '엄살쟁이'다

사람들은 앞으로 닥칠 미래의 불확실성에 대해 상당한 두려움을 가지고 있다. 예를 들어, 가계 부채가 급증하면 부동산 가격이 하락할 거라 걱정하고, 인구 감소와 고령화로 인해 노후가 점점 더 불안해질 것이라고 생각한다. 스스로 무언가 대비하지 않으면 극단적인 현실에 직면할 수 있다는 공포심은 언론사가 이용하기에 아주 좋은 심리 현상이다. 인터넷 환경에서 치열한 경쟁에 노출되어 있는 언론사들은 실제 사실보다 더 선정적이고 부정적인 표현을 사용해 공포감을 확산시킨다. 그래야만 대중의 관심을 더 끌 수 있기 때문이다. 언론의 엄살은 불안감과 공포심을 확대·재생산하고, 실제보다 더 부정적으로 상황 판단을 하게 만든다.

두 달 천하로 끝난 9.1 대책… 11월 주택 거래량 17% 급감
[이데일리 2014. 12. 10.]

서울 아파트 거래량 9.1 대책 이전 수준으로 감소… 10월보다 33.4% 줄어
[헤럴드경제 2014. 12. 3.]

2014년 9월 1일, 정부는 부동산 시장의 활성화를 위해 '9.1 부동산 대책'을 발표했다. 이때만 하더라도 지난 몇 년간의 긴 부동산 시장 침체를 경험한 사람들이 과연 시장이 회복될 수 있을까에 대해 반신반의하며 투자를 할지 말지 고민하던 시기였다. 그런데 위와 같은 기사로 인해 상당히 많은 사람들이 부동산 투자를 포기했다. 9.1 부동산 대책에도 불구하고 오히려 부동산 시장이 급속히 위축되는 것처럼 보였기 때문이다.

하지만 상식적으로 생각해 봤을 때, 가을에서 겨울로 접어들면서 부동산 거래가 감소하는 것은 당연한 현상이다. 게다가 9월의 정부 정책 발표

이후 집값 상승에 대한 기대감으로 9 ~ 10월에 거래량이 반짝 증가했다면 이후의 계절적인 요인으로 인한 거래량 감소가 상대적으로 더욱 커보였을 가능성이 크다. 그럼에도 불구하고, 언론은 9.1 대책이 마치 실패한 것처럼 선정적이고 부정적인 제목을 내세웠고, 이러한 기사를 본 많은 사람들은 '지금은 절대 투자해서는 안 된다.'고 생각했던 것이다.

단지 한두 달 만에, 부동산 정책의 효과가 성공인지 실패인지 판단할 수는 없다. 오히려 겨울이라는 계절적인 요인을 감안하면 최소 2분기 정도는 지켜봐야 시장의 분위기를 정확히 인지할 수 있기 때문이다. 그렇다면 계절 효과가 사라진 2015년 상반기 부동산 시장은 어땠을까?

'버블 세븐' 명성 부활… 2008년 대비 시가 총액 2.6배 상승
[헤럴드경제 2015. 2. 23.]

봄 이사철 끝났어도 매매가는 상승세
[매일경제 2015. 5. 31.]

서울 아파트 매매 가격 1,700만 원 재탈환
[서울경제 2015. 7. 2.]

언론의 공포 마케팅에 속았던 사람들에게는 참 안타까운 일이지만, 그렇지 않은 사람들에게는 투자하기 매우 좋았던 시기였다는 것을 알 수 있다. 많은 사람들은 언론을 통해서 부동산 가격이 오를지 떨어질지, 혹은 어느 지역에 투자하는 것이 좋을지를 판단하고자 한다. 그러나 언론은 우리의 기대와는 달리 대중이 어떤 기사에 주목할 것인가를 중요시한다는 사실을 잊지 말자. 관심을 끌기 위해 애쓰는 '엄살쟁이' 언론의 말에 속아 불안감에 떨다가 절호의 투자 기회를 놓치는 일은 없어야 할 것이다.

4 언론은 '뒷북쟁이'다

언론이 전달하는 부동산 시장의 분위기는 실제 시장의 움직임에 비해 뒤늦은 경우가 상당히 많다. 언론에서 '부동산 가격이 오른다.'고 이야기하기 시작했다면 이 말은 '부동산 가격이 이미 올랐다.'는 것을 의미한다. 그들이 우리에게 가격 상승의 근거로 제시하는 각종 데이터들은 이미 지난 몇 개월 동안 오른 결과물, 다시 말해 '후행 지표'이기 때문이다. 그럼에도 불구하고, 언론이 정확한 시장의 흐름을 예측하고 전망을 제시해 줄 것이라 착각하는 사람들은 투자 대상을 결정하기 위해 '뒷북치고 있는 기사'를 상당 부분 참고하고 있다.

앞에서 살펴보았던, 버블 세븐 지역 부동산 가격이 2.6배 상승했다는 기사나 서울 아파트 매매 가격이 1,700만 원을 탈환했다는 내용은 현재의 이야기가 아니다. 현재를 기준으로 지난 몇 개월 동안 가격이 상승한 결과일 뿐이다. 하지만 초보 투자자들은 이 기사를 보면서 앞으로 서울이나 버블 세븐 지역이 투자 가치가 높을 것이라는 착각에 빠진다.

물론 앞으로도 계속 이 지역의 부동산 가격이 오른다면 상관없지만, 그동안 많이 올라서 현재의 가격이 최고점이라면 뒤늦은 투자로 수천만 원에서 많게는 수억 원에 달하는 손실을 볼 수도 있다. "내가 투자하기만 하면 떨어진다."는 볼멘소리를 하며 투자 세계를 영영 떠나게 되는 것이다. 지금까지의 장밋빛 결과만 보여주는 '뒷북쟁이' 언론의 기사를 보면서 앞으로도 장밋빛일 거라고 착각해서는 안 되는 이유가 바로 여기에 있다.

지금까지 살펴본 것처럼 언론은 허풍쟁이, 따라쟁이, 엄살쟁이, 뒷북쟁이의 속성을 가지고 있다. 그렇다고 언론사를 욕할 필요는 없다. 언론사 역시 상업적으로 이윤을 추구하는 집단이다. 상업 언론사에 소속된 기자로

서 회사에 이로운 내용을 보도하거나 광고하는 것은 아마도 당연한 속성이자 숙명일지도 모른다. 중요한 것은 우리가 언론의 속성을 어떻게 활용하는가이다.

투자 세계에는
"언론 기사와 반대로 하면 성공한다."는 말이 있다.

이제는 언론이 제공하는 정보를 맹목적으로 받아들이기 보다는 '어떻게 재해석을 할 수 있는가!'에 따라 고수와 초보 투자자로 나뉘는 세상이 되었다. 언론 기사와 반대로 하라는 말은 단순히 표면적으로 드러나는 기사 내용과 무조건 반대로 행동하라는 의미가 아니다. 무엇보다 언론의 '숨겨진 속성'을 먼저 이해해야 한다. 그 다음, 주어진 자료들을 조합하고 재해석하는 과정을 통해 스스로 '투자 정보의 진수'를 변별하여 실제 투자에 활용하기 바란다. 언론에 휘둘리지 말고, 언론을 이용해야 한다는 것을 잊지 말자.

상승장뿐 아니라
하락장에서도
수익을 거둬라!

1.
'시장의 사이클'과
부동산 투자 타이밍

    세상에는 아직도 부동산 투자자를 불로 소득을 추구하는 투기꾼이라고 폄하하는 사람들이 상당히 많다. 그러나 부동산 투자를 해 본 사람은 잘 안다. 부동산 투자로 수익을 얻기 위해서는 엄청난 노력과 공부가 필요하다는 사실을 말이다. 그럼에도 불구하고 투자자에 대한 인식이 좋지 않은 이유는 어떤 투자 방법이 돈이 된다고 하면 밀물처럼 밀려왔다가 돈이 되지 않으면 썰물처럼 빠져나가는 사람들이 실제로 많기 때문이다.

    문제는 이들의 움직임이 정상적인 시장의 수요를 왜곡시켜 부동산 가격의 상승과 하락의 진폭을 상당히 크게 만든다는 것이다. 앞서 부동산 가격이 오르내리는 원리를 이야기할 때, '투자 수요가 유입되는 곳에서 큰 수익이 발생한다.'고 했던 것도 많은 투자자가 몰리면서 가격 상승 폭을 크게 만든 결과이다.

    필자는 이 과정을 오랜 시간 지켜보면서 시장에서는 장기적으로 상승과 하락이 반복되는 일정한 사이클이 나타난다는 것을 확인할 수 있었다. 또한, 상승과 하락이 반복되는 가운데 수익이 되는 투자 종목은 매번 다르고, 투자자들은 그때마다 밀물과 썰물처럼 몰려다니면서 가격 변화의 진폭을 크게 키워왔다는 사실도 이해하게 되었다. 그러나 '진정한 투자 고수'들은 바로 이러한 시장의 변화를 이용해 적절히 투자 방법을 바꿔가며 큰 수익을 올리고 있다. 긴 시간, 꾸준히 수익을 내고 싶다면 시장의 흐름을 읽으며 적절한 투자 시기와 그에 맞는 방법을 알고 투자해야 한다.

부동산 시장의
네 단계 사이클

신문이나 뉴스를 보다 보면, 요즘 경기가 좋다거나 혹은 나쁘다는 표현을 자주 접하게 된다. 여기서 말하는 '경기(景氣)'란 한 국가 경제의 전반적인 활동 수준이 좋고 나쁨을 나타내는 것인데, 경기는 보통 일정한 패턴을 가지고 주기적으로 반복하는 모습을 보인다. 경제 활동이 활발하여 경기가 상승할 때도 있고, 위축되어 불황에 빠지기도 하는 것이다. 이렇게 경기가 적정 수준 이상으로 활발하거나 위축되는 현상이 반복되며 나타나는 것을 '경기 순환 과정(경기 사이클)'이라고 하며, 일반적으로 불황(depression), 회복(recovery), 호황(prosperity), 후퇴(recession)의 네 단계를 거치며 순환하는 것으로 알려져 있다.

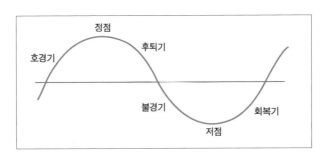

| 경기 사이클(순환 과정) |

부동산 시장 역시 국가 경제 활동 내에서 움직이는 하나의 시장인 만큼 경기 사이클과 비슷하게 순환하는 모습이다. 단, 부동산 시장은 투자자들이 밀물처럼 밀려왔다가 썰물처럼 빠져나가는 특성상, 경기 사이클과는 조금 다르게 '침체기', '회복기', '상승기', '급등기'의 네 단계를 거쳐 순환한다는 표현이 더 타당해 보인다.

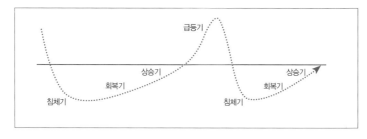

| 부동산 시장의 사이클 |

경기 사이클의 '호황' 단계를 부동산 시장에서 '상승기'와 '급등기'라는 두 단계로 나누는 가장 큰 이유는 부동산 시장이 일정기간 상승하는 경우 투자자들이 밀물처럼 유입되면서 가격의 상승세가 이전과는 비교가 되지 않을 만큼 급등하는 현상이 나타나기 때문이다. 그리고 '후퇴' 단계를 제외시킨 이유는 부동산 시장에서는 '돈이 되지 않는다.'고 판단되면 투자자들이 썰물처럼 빠져나가는 경우가 많아 후퇴기를 거치지 않고 곧바로 침체기에 빠지는 경우가 많기 때문이다.

부동산 시장을 판단하는 데 유용하게 사용되는 6단계의 '벌집 순환 모형'이 있지만, 이 책에서는 이론적으로 깊이 들어가기보다는 좀 더 쉽게 이해할 수 있도록 단순화하여 설명하려고 한다. 그렇다면 '침체기 → 회복기 → 상승기 → 급등기'라는 네 가지 패턴이 반복되는 시장의 사이클을 어떻게 활용해야 부동산 투자로 수익을 얻을 수 있을 것인지 계속해서 살펴보자.

시장의 흐름에 따라
투자 방법도 달라야 한다

지난 1998년 IMF 금융 위기부터 지금까지, 시장은 어떻게 변화해 왔고, 또 그 시기마다 어떤 투자 방법이 유리했었는지 간단하게 정리해 보았다.

1 침체기(1단계): 수익형 투자

이 시기는 부동산 시장이 깊은 침체에 빠져 더 이상 시세 차익을 기대하기 어려운 때이다. 직전의 호황기나 급등기 시절의 짜릿한 경험을 잊지 못해 초기에는 시세 차익을 기대하는 사람이 남아 있지만, 침체기가 이어질수록 그것이 어렵다는 것을 알게 된다. 그리고 부동산 가격이 점차 하락함에 따라 '수익형 투자'가 더 유리한 시장으로 변하게 된다.

앞에서 시세 차익 투자의 필요성에 대해 설명하면서 보았던 그림을 다시 한 번 살펴보자.

만약 당신이 1억 원을 주고 구입한 빌라를 보증금 2천만 원에 월세 50만 원을 받고 임대한다면 그림에서 보는 것처럼 자기 자본 대비 수익률

(ROE)은 7.5%이다. 하지만 부동산 시장의 침체로 1억 원이던 빌라의 가격이 8천만 원으로 하락하게 된다면 자기 자본을 6천만 원만 투입해도 되므로 자기 자본 대비 수익률은 오히려 10%로 올라간다.(보증금과 월세는 변하지 않는다고 가정한다.)

부동산 시장의 침체기가 길어질수록 더 낮은 가격으로 구입할 수 있고, 은행에서 대출을 받아 레버리지를 활용한다면 자기 자본 대비 수익률은 훨씬 더 올라가게 된다. 이때는 무피 투자의 가능성도 높아진다. 어차피 시세 차익을 기대하기 어려운 시기인 데다가, 저렴한 가격에 매입해 임대를 하게 되면 투자 금액에 비해 더 높은 수익률을 달성할 수 있으므로 사람들은 점점 수익형 투자에 관심을 갖게 되는 것이다.

따라서 부동산 시장의 침체기에는 시세보다 낮은 가격에 낙찰을 받을 수 있는 '경매'가 크게 활성화되고, 수익률이 높아 투자자들이 몰리는 일부 부동산의 경우에는 시세 차익도 기대할 수 있게 된다.

2 회복기(2단계): 갭 투자와 분양권 투자

침체기가 길어질수록 정부는 부동산 시장을 정상화하기 위한 카드를 내놓으려 한다. 국민들이 집을 사지 않으니 건설사는 분양 사업을 통한 수익 창출이 어려워지고, 부동산 거래가 잘 되지 않으면 국민들이 겪게 되는 불편한 점도 한두 가지가 아니다. 더구나 부동산 시장이 국내 경제에서 차지하고 있는 비중이 워낙 높다 보니 경기를 활성화하기 위해서는 제일 먼저 부동산 시장을 정상화할 필요가 있기 때문이다.

이 시기에 나타나는 대표적 현상이 바로 '전세 가격 상승'이다. 결혼이나 세대 분리로 인해 주택을 구입하거나 전세를 구하려는 세대는 매년 꾸준히 늘어났지만, 침체가 길어지면서 건설사가 분양을 꺼리다 보니 주택 공급은 계속해서 줄었기 때문이다. 아래 그림에서 보면 우리가 잘 아는 두 번의 침체기(1997년 IMF 외환 위기 직후와 2008년 금융 위기 직후)에 아파트 인·허가 물량이 크게 감소한 것을 확인할 수 있다.

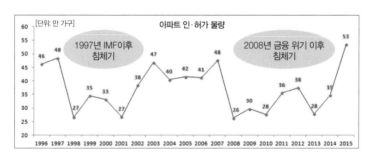

| 아파트 인·허가 물량의 변화 |
(출처: 통계청 국가 통계 포털(http://kosis.kr))

전세 물량은 누군가가 주택을 구입하고 난 다음 시중에 다시 공급(임대)해야만 한다. 그런데 침체기에는 주택 공급 물량 자체뿐 아니라 주택을 구입하는 사람도 크게 감소하여 전세로 공급되는 주택이 줄어들 수밖에 없으므로 전세 가격은 상승하게 된다. 이와 같이 전세 가격이 상승하는 '회복기'에 유효한 투자 방법이 바로 '갭 투자'와 '분양권 투자'(미분양 포함)이다.

전세 가격의 상승을 이용해 전세를 끼고 매입하는 갭 투자는 투입 비용을 최소화할 수 있을 뿐 아니라 매매 가격에 근접한 전세 가격이 다시 매매 가격을 밀어 올리게 되므로 시세 차익도 기대할 수 있다.

그리고 이 시기에 정부는 부동산 시장 정상화 정책의 일환으로 '분양권 전매 제한을 완화'하는 경우가 많다. 이때 계약자는 10%의 계약금만 있으면 분양을 받을 수 있고, 자유로운 분양권 거래로 프리미엄(웃돈)을 받고 팔 수 있다. 또한 '분양가 상한제를 폐지'하여 건설사들이 분양 시장에 다시 진입할 수 있도록 유도한다. 결국 부동산 시장을 정상화하려는 정부의 정책에 건설사와 대중들이 조금씩 반응하기 시작하면서 부동산 경기가 회복된다.

3 호황기(3단계): A급 지역에 대한 투자

정부의 부동산 시장 정상화 정책으로 그동안 침체되었던 시장이 회복되면서 과거와는 다른 모습을 보인다. 미분양 아파트가 사라지고, 분양 시장에 사람들이 늘어나면서 입지가 좋은 지역부터 프리미엄이 형성되는 등 시장의 모습이 과거와 다르다는 사실을 대중들도 인지하기 시작한다. 그러면서 분양 시장은 그동안 볼 수 없었던 높은 경쟁률을 보이고, 부동산 투자에 관심을 갖는 사람들이 점점 늘어난다.

부동산 투자에서는 호재와 입지가 가장 중요한 요인인데, 이때부터 입지가 좋은 지역, 소위 A급 지역에 사람들이 몰려들기 시작한다. 앞서 뜨겁게 달궈졌던 분양권 시장의 열기가 '입지가 좋은 기존 주택 시장'으로 확산되는 것이다. 따라서 입지가 좋은 지역의 부동산 가격 상승세가 더욱 두드러지면서 좋은 투자처로 부상하게 된다. 부동산에 관심이 많은 사람이라면, 부동산 시장이 살아날 때 처음에는 강남부터 가격이 상승하기 시작해서 이후에 목동이나 분당 등 주변 부심지로 확산되는 현상을 잘 알고 있을 것이다. 그러나 아직 외곽 지역까지 확산되지는 않아서 그곳의 거주자들은 상대적으로 부동산 시장의 상승세를 크게 경험하지 못하는 경우가 많다.

이 시기부터 정부는 시장의 상승세에 대한 부담감으로 이전과는 달리 강력한 규제 정책으로 방향을 전환한다. 따라서 부동산 시장이 꾸준히 상승하기보다는, 상승세를 유지하지만 정부의 규제에 따라 잠시 출렁거리며 진폭이 큰 상태로 우상향하는 모습을 볼 수 있다.

4 급등기(4단계): 외곽 지역의 갭 메우기 투자

이 시기는 처음 부동산을 구입했거나 기존부터 보유했던 사람들 대부분이 시세 차익을 경험한 상태이므로 부동산 투자가 대세라는 사실을 거의 모든 사람들이 인지하기 시작한다. 사람들은 부동산 시장의 일거수일투족에 관심을 갖고, 기회가 주어진다면 투자하려는 마음을 먹고 있다. 그러나 이미 A급 지역의 부동산 가격은 상당히 많이 올라있어 투자하기에 부담감이 크다. 따라서 상대적으로 저평가된 지역을 찾으려고 한다.

반면에 상승장에서 시세 차익을 경험하지 못한 무주택자나 상승세가 약했던 B급 또는 C급 지역, 그리고 수도권 외곽의 거주자들의 경우에는 상대적 박탈감을 크게 느낄 수밖에 없다. 이때 나타나는 극단적인 사례가 '아파트 제값 받기 운동'과 같은 집단행동이다.

| 아파트 제값 받기 운동 (이미지 출처: 다음 카페) |

　결국 저평가된 지역을 찾는 투자자들과 상대적 박탈감을 느낀 사람들에 의해 상대적으로 가격이 낮게 형성된 외곽 지역에서의 물밑 움직임이 활발해진다. A급 지역과 B급 또는 C급 지역의 가격 차이(gap)가 커져 투자자들이 점차 주변부로 이동하는 이 시기에 적합한 투자가 바로 '갭 메우기 투자'다. 이미 가격이 많이 오른 A급 지역보다 아직 상승할 여지가 남아 있는 외곽 지역으로 투자자나 수요자가 이동하면서 그동안 벌어진 가격 차이가 메워지는 과정을 이용한 투자라고 할 수 있다. 2000년대 중반, 서울 강남과 목동이 상승한 이후에 노도강(노원구, 도봉구, 강북구)이나 인천 지역이 상승한 것도 바로 이러한 흐름에 의해 나타난 현상이다.

　문제는 이와 같은 과열 조짐으로 인해 정부의 부동산 규제 정책이 더욱더 강화될 수밖에 없다는 것이다. 그렇게 되면 부동산 시장으로 밀려들던 투자 수요가 감소하거나 정체될 위험이 커진다. 이 상황을 모르는 초보 투자자들은 '물 들어올 때 노 젓는다.'는 심정으로 투자에 더욱 집중하는 반면, 고수들은 이 시점부터 조금씩 매도를 통해 시세 차익을 회수하며 시장에서 빠져나간다는 사실을 알아야 한다. 이후에는 상승기와는 반대로 오른 지 얼마 되지 않은 C급 지역부터 부동산 가격이 하락하기 시작하여 점차 A급 지역으로 그 하락세가 확산된다. 이렇게 부동산 시장은 다시 침체기로 접어들게 된다.

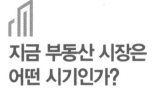

지금 부동산 시장은
어떤 시기인가?

그렇다면 현재(2016~2017년)는 부동산 시장의 사이클에서 어느 위치에 있을까? 앞에서 설명한 내용을 기준으로 보면, 지금은 '회복기'에서 '호황기'로 넘어온 시기라고 볼 수 있다. 정부의 부동산 정상화 정책이 이미 시행되었고, 긴 침체기를 벗어나 분양 시장이 점차 활성화되었기 때문이다. 얼마 전까지도 골칫덩어리였던 미분양 아파트는 거의 자취를 감추었고, 새로 분양하는 아파트에 대한 관심도 큰 편이다. 지역에 따라 편차가 있지만, 입지가 좋은 지역의 경우에는 프리미엄이 상당히 높게 형성되어 있다.

앞으로 정부가 부동산 정책을 어떤 방향으로 수행하느냐에 따라 시장의 모습은 많이 달라지겠지만, 현재로서는 다음 단계인 '호황기'로 접어들었다고 봐야 한다. 과거와는 달리 부동산 시장이 유망한 투자 시장으로 사람들에게 각인되어 있기 때문이다. 실제로 네이버에서 '주식'과 '부동산'이라는 단어를 검색해 보면, 사람들이 부동산에 대해 얼마나 많은 관심을 갖고 있는지 한눈에 확인할 수 있다.

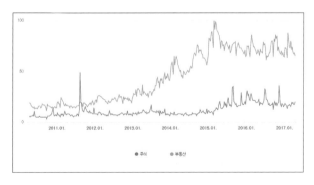

| 네이버 '데이터랩(http://datalab.naver.com)' 검색어 트렌드 조회 |

그래프를 보면, '주식'에 대한 사람들의 관심이 일정하게 유지되고 있는 것에 비해, '부동산'에 대해서는 2014년부터 관심이 크게 증가한 것을 확인할 수 있다.(2016년 11.3 부동산 규제 대책 이후에도 부동산에 대한 관심은 그다지 줄어들지 않았다.) 이것은 투자의 기회가 주어진다면 사람들은 언제든지 다시 '부동산 투자'에 나설 가능성이 매우 높다는 것을 의미한다.

따라서 부동산 투자자라면 앞에서 설명한 호황기(3단계)와 급등기(4단계)의 투자 방법에 주의를 기울일 필요가 있다. 과거에 많은 투자자들이 시도한 투자 방식 중에서도 각 시기마다 큰 수익을 얻을 수 있었던 대표적인 방법을 기술했기 때문에 많은 도움이 될 것이다.

2016년 하반기에 정부는 분양권 전매 제한 재도입(11.3 대책)을 비롯한 시장 규제 정책을 내세웠고, 이로 인해 시장이 다시 주춤하고 있는 것도 사실이다. 그러나 그동안의 사례로 보았을 때, 시장은 강한 하방 경직성*을 보이며 천천히 우상향하는 모습이었기 때문에 아직 섣부른 판단을 하기는 이르다. 물론 예상과 다르게 시장이 침체에 빠질 수도 있다. 하지만 크게 걱정할 필요는 없다. 앞에서 언급했던 것처럼 침체기에는 다시 수익형 투자 방식으로 전환하면 되기 때문이다.

부동산 시장의 사이클에서 각 단계의 정확한 시작과 종료 시점을 알기가 쉽지는 않다. 게다가 같은 단계라 하더라도 상황에 따라 일어나는 현상은 조금씩 달라지므로 100% 똑같은 흐름으로 진행된다고 할 수도 없다. 중요한 것은 앞으로 시장이 어떻게 될지를 맞추는 것이 아니라 시장의 흐름에 맞게 투자 방법을 변경해야 한다는 사실을 알고 움직이는 것이다.

---

* **하방 경직성**
　수요와 공급의 법칙에 의해 내려야 할 가격이 어떤 사정으로 내리지 않는 것

고수들은 시장의 사이클을 잘 이용한다.

실제로 부동산 투자 시장에서 고수라 불리는 사람들은 시장의 사이클에 따른 투자 방법을 시기적절하게 잘 활용하는데, 특히 일반 투자자들보다 한발 먼저 시장에 진입하는 모습을 볼 수 있다. 다시 말해서, 빠른 판단으로 길목을 '선점'한 후, 다음 단계가 명확해지는 시기에 투자자들이 몰려들면 그들에게 매물을 내주고 본인들은 큰 시세 차익을 거두는 것이다.

그렇다면 고수들은 도대체 '어떤 기준'으로 남들보다 '한발 앞서' 투자를 할 수 있는 것일까? 이러한 의문에 대해서는 이어지는 글을 통해 그 답을 찾을 수 있을 것이다.

2.
'정부의 정책'과
부동산 투자 타이밍

우리나라 부동산 시장에 가장 큰 영향을 주는 요인은 바로 '정부의 정책'이다. 앞에서 고수들은 일반 투자자보다 한발 먼저 시장에 진입한다고 했는데, 그들이 남들과 다른 시각으로 빠른 판단을 할 수 있는 가장 큰 이유는 바로 정부의 정책을 잘 읽어내기 때문이다. 이에 대해 좀 더 자세히 이야기해 보자.

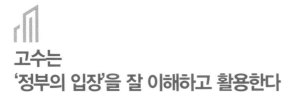

고수는
'정부의 입장'을 잘 이해하고 활용한다

정부의 부동산 정책은 기본적으로 '시장의 안정'을 목표로 한다. 어느 정권이든지 이 목표가 달라진 적은 한 번도 없었다. 국민들 역시 정부가 우리들을 위해 시장을 잘 운영해 주기를 바란다. 하지만 국민 개개인의 입장에 따라 생각하는 기준이 모두 다르다는 것이 문제다.

부동산 시장이 침체에 빠지면 정부는 부동산 관련 종사자들의 원성에 시달릴 수밖에 없다. 정부가 시장을 제대로 관리하지 못해 자신들이 피해를 보고 있다고 생각하기 때문이다. 반대로 부동산 가격이 급등하게 되면 정부는 상실감에 빠진 서민들의 원성을 듣게 된다. 정부의 부적절한 대응으로 부자만 잘 살고 서민은 먹고살기 힘든 세상이 되었다고 한탄하기 때문이다.

정책을 만드는 입장에서 특정 집단의 비난을 감수하면서까지 노골적으로 부동산 가격의 상승이나 하락을 유도하기는 어렵다. 게다가 선거라는 제도를 통해 정책에 대해 심판받기 때문에 여론을 중시할 수밖에 없는 정부는 경제적인 논리보다는 '정치적' 논리로, 장기적인 정책보다는 '단기적'으로 달성이 가능한 정책을 선호하게 된다. 결국 '시장의 안정'이라는 목표를 빨리 달성하기 위해서 침체기에는 규제를 적절히 풀어 경기의 상승을 유도하고, 상승이 과하다 싶으면 규제를 강화해 상승을 억제하는 식으로 단기적인 정책을 운영하게 되는 것이다. 혹자는 이런 정부의 모습을 비꼬며 '냉온탕 정책'이라고 폄하하지만, 모든 국민을 만족시킬 수 없는 정부의 입장에서는 이 방법이 가장 최선일 수밖에 없다.

고수는 이와 같은 정부의 정책 운영에 대해 아주 정확히 이해하고 있다. 여론의 변화에 의해 언젠가 다시 정책이 전환될 가능성이 있다는 것을 잘 알기에 그에 대처하기 위해 항상 준비한다. 반면에 일반 대중은 철저하게 자신의 입장만 생각하며 정부 정책의 옳고 그름을 평가하려 한다.

예를 들어, 정부의 부동산 활성화 정책으로 부동산 가격이 상승하고 있다고 가정해 보자. 이때, 투자를 하지 않았거나 할 수 없어서 수익을 얻지 못한 사람이라면 상대적으로 박탈감이 클 수밖에 없으므로 상승을 유도한 정책에 대해 매우 부정적일 것이다. 반대로 이번 상승장에서 수익을 얻은 사람이라면 정부의 활성화 정책에 긍정적일 수밖에 없고, 앞으로도 꾸준히 부동산 시장을 활성화해 주길 바랄 것이다. 그런데 만약 시장이 너무 과열되어 정부가 다시 규제를 강화한다면 사람들의 입장은 완전히 달라질 것이다.

이렇듯 정부의 부동산 정책에 대한 대중의 평가는 항상 양극단으로 나뉠 수밖에 없고, 양쪽으로 갈라선 대중들은 정책의 옳고 그름에 대해 논쟁을 벌이는 경우가 상당히 많다. 가장 극단적인 논쟁 중 하나가 바로 지난 몇 년간 이어졌던 부동산 시장의 '폭락론 vs 상승론'이다. 수많은 대중들이 이 논쟁에 뛰어들었지만, 결과적으로 이를 통해 이익을 얻은 사람들은 각 주장을 내세운 전문가들이었지, 대중은 결코 아니었다.

부동산 가격이 하락할 때는 비관론자의 몸값이 올라가고, 가격이 상승할 때는 상승론자의 몸값만 올라갔다. 대중들은 자신의 생각과 가치관을 가지고 정부 정책의 옳고 그름을 논하려 들었지만, 결과적으로는 아무 쓸모없는 논쟁에 많은 시간과 노력을 허비하고 만 것이다. 오히려 이 논쟁을 통해서 이익을 얻을 수 있는 누군가의 비즈니스에 역이용당한 형국이었다.

하지만 고수는 상승론자나 비관론자 모두 일종의 마케팅 전문가라 여길 뿐, 부동산 전문가라고 생각하지 않는다. 고수는 정부 정책의 옳고 그름을 논하기에 앞서, '정책 방향의 전환'이 앞으로 시장에 '어떤 영향'을 미칠 것인지에 대해 더 큰 관심을 가진다. 이것이 바로 고수가 일반 대중보다 한발 앞서 시장에 진입하는 가장 근본적인 이유다.

고수는
정책에 따른 '수급의 변화'를 살핀다

정부의 정책이 바뀌면, 고수는 이제 자신의 전략을 바꾸어야 할 때라고 생각한다. 앞으로 시장이 변화할 것이므로 수익을 극대화하려면 빨리 그에 맞는 행동을 취하라는 신호로 받아들이는 것이다. 특히 그들은 정책 전환에 따른 '수급의 변화'에 주시한다. 앞에서도 여러 차례 강조했듯이, 수요와 공급의 변화는 가격을 움직이는 가장 중요한 요소이기 때문이다.

2014년 말, 정부는 경기 부양 대책의 일환으로, 그동안 여야 간의 이견이 많았던 '부동산 3법'을 국회 본회의에서 통과시켰다. 부동산 3법은 분양가 상한제를 탄력적으로 적용한다는 '주택법 개정안'과 '재건축 초과 이익 환수제'* 3년 유예, 그리고 재건축 조합원에게 보유 주택 수만큼 주택을 공급(3주택까지 허용)한다는 내용의 '도시 및 주거 환경 정비법 개정안'을 일컫는다. 이는 국회 본회의를 통과하고 3개월 후인 2015년 4월 1일부터 시행되었다.

---

* **재건축 초과 이익 환수제**
  재건축으로 조합이 얻은 이익이 인근 집값 상승분과 비용 등을 빼고 1인당 평균 3천만 원을 넘을 경우, 초과 금액의 최고 50%를 세금으로 내도록 한 제도

| 부동산 3법 홍보 자료(출처: 국토 교통부 블로그) |

　　정부는 당시 부동산 3법의 국회 통과를 위해 국민들에게 적극적으로 홍보했다. 그림에서 보는 것처럼, 분양가 상한제를 폐지하더라도 집값 상승에 대한 우려는 적고, 재건축 초과 이익 환수제 폐지가 특정 지역에 혜택을 준다는 일부 주장에 대해 그렇지 않다는 점을 설명하면서 법 개정의 필요성을 역설했다. 이후 부동산 3법 개정에 대한 여론이 형성되고 통과 가능성이 높아지자 일반 대중들은 또다시 양쪽으로 나뉘어 법 개정의 옳고 그름에 대해 논쟁을 벌이기 시작했다.

　　하지만 고수들은 부동산 3법이 개정된다면 이에 직접적인 영향을 받는 강남 재건축 시장과 분양권 시장에 대한 수요가 증가할 거라는 점을 재빨리 간파했고, 가장 먼저 이 시장에 진입했다. 정책 전환에 따른 수급 변화의 가능성을 사전에 감지한 것이다.

이후 1년이 경과한 2016년을 살펴보면, 강남 재건축 시장에 투자 수요가 집중되면서 이 지역의 아파트 가격은 크게 상승했다. 또한 분양가 상한제 폐지에 따른 전매 제한 완화로 서울과 수도권의 분양 시장과 분양권 시장 역시 크게 활발해졌다.

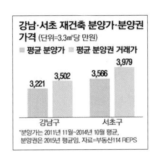

| 부동산 3법의 영향으로 강남 재건축 · 분양 시장 활성화 |
(출처: 매일경제 2016. 1. 27.)

재미있는 점은, 한때 옳고 그름의 논쟁에 열중하던 대중들은 시장의 상승세를 직접 눈으로 확인하고 나서야 이 시장에 대해 조금씩 관심을 갖기 시작했다는 사실이다. 이 말은 곧, 길목을 미리 선점한 고수들이 뒤늦게 시장에 진입하는 이들에게 보유한 물건을 오른 가격으로 매도해 상당한 수익을 거둘 수 있는 시장이 되었다는 의미이기도 하다. 이와 같이 고수는 정책에 따른 수급의 변화를 남들보다 먼저 감지하고 시장을 선점한 다음, 시차를 두고 차별화된 수익을 창출한다.

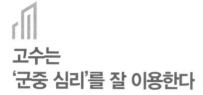

고수는
'군중 심리'를 잘 이용한다

고수들은 2014년 부동산 정책의 방향이 '시장 활성화'이므로 '수요가 증가'할 것이라는 점과 수요가 증가하면 '가격이 상승'할 가능성이 높다는 것을 이미 알고 있었다. 그뿐 아니라 가격 상승으로 "누가 어디에서 돈을 벌었다고 하더라."는 이야기가 시장에 확산되면 일반 대중들은 '군중 심리'에 빠져 너나없이 투자에 동참하게 될 거라는 사실도 예상했다.

> **참고**
> ### 군중 심리
>
> 많은 사람들이 모였을 때에, 집단의 언동에 따라 개별 주체의 일상적인 사고와 다르거나 그 범위를 뛰어넘는 행동을 하게 되는 사회 심리 현상을 말한다. '다수를 따르는 것이 나에게 득이 된다.'는 어렴풋한 믿음에 근거하여 타당한지 아닌지 깊게 생각하지도 않고 많은 사람들이 선택한 것을 그대로 따르는 것이다.
> 부동산 시장에서 나타나는 군중 심리는 특정 부동산 투자로 수익을 본 사람들이 많아지면 그 대상을 향해 너도나도 뛰어드는 현상을 의미한다.

"배고픈 것은 참아도 배 아픈 것은 못 참는다."는 말이 있다. 이것은 사람의 심리를 아주 냉정하게 꿰뚫어 본 말이다. 주택 가격이 상승하면서 사람들이 이익을 얻고 있을 때 본인만 제외된 상황이라면, 아마도 겉으로는 멀쩡한 척하더라도 속으로는 화가 치밀어 오를 것이다. 그러던 차에 수익을 얻을 만한 대상을 알게 되고 투자에 동참할 수 있는 기회가 생긴다면 어떨까? 그 시장에 참여한 주변 사람들 모두가 이익을 보고 있다면 그 기회를 외면하기가 쉽지 않을 것이다.

| 〈좌〉 송도 코오롱 프라우 분양(출처: 뉴시스 2007. 4. 6.) |

| 〈우〉 개포 재건축 래미안 분양(출처: 뉴시스 2016. 6. 6.) |

　얼마 전까지 부동산 3법의 옳고 그름을 논하던 사람들 역시 예외가 아니었다. 그들도 결국 자신의 이익이 가장 중요하기 때문에 하나둘씩 시장에 참여했다. 강남 재건축 시장과 분양 및 분양권 시장이 활성화되었던 것도 초기에 진입했던 사람들이 수익을 얻자, 이에 뒤처지지 않고 동참하려는 대중들의 군중 심리가 크게 확산되었기 때문이다.

　주식이나 부동산과 같은 재테크 시장에서 수익이 나는 곳에 대중이 몰리는 현상은 흔히 일어나며, 이때 가격의 상승세는 더욱 두드러진다. 고수는 바로 이러한 점을 이해하고, 정부의 정책과 이에 따른 군중 심리를 철저하게 이용하고 있는 것이다.

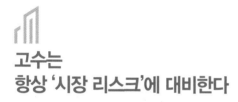

고수는
항상 '시장 리스크'에 대비한다

　부동산 시장에서는 "○○ 투자로 한 번에 큰 수익을 얻었다."는 식의 이야기가 숱하게 떠돌고, 이에 많은 사람들이 관심을 가진다. 하지만 유감스럽게도 필자는 한 가지 방식으로 단기간에 큰돈을 벌었다는 사람을 고수라고 생각하지 않는다. 단지 운이 좋았을 뿐, 시시각각 변하는 시장에서 매번 똑같은 방식으로 수익을 낼 수는 없기 때문이다.

　앞서, 고수는 정부가 냉온탕 정책을 펼치는 이유를 안다고 언급했다. 시간이 지나면 여론에 따라 정부의 정책이 또다시 변경되어 부동산 시장의 사이클도 변화할 가능성이 있다는 것을 알고, 그 변화에 미리 대비하는 이들이 바로 '진짜 고수'다.

　2016년을 기준으로, 프리미엄이 크게 올라 많은 사람들이 관심을 가졌던 분양권 시장을 살펴보자. 실제로 분양권 시장이 과열되자, 정부는 2016년 6월 27일에 〈2016년 하반기 경제 정책 방향〉에서 분양 시장에서의 분양 보증 및 중도금 대출 보증 제도를 개선하고자 하는 조치를 취했다. 중도금 대출 규제를 통해 과열된 시장을 억제시키려는 방향으로 정책을 일부 전환한 것이다. 이는 정부가 시장을 바라보는 시각이 '시장의 정상화'를 추구했던 과거와는 다르게 미묘하게 변화하기 시작했다는 의미로 볼 수 있었다.

◇ **분양시장 안정화, 실수요자 주택구입 지원 등 수급관리 강화**

□ **(분양시장 안정화) 분양보증 및 중도금대출보증 제도를 개선**
  하고 시장 교란행위에 대한 **현장점검 강화**

  ○ 주택도시보증공사의 **중도금대출보증 제도를 개선**(7.1일)하여
    실수요자 중심의 중도금 대출시장 정착 유도

    * 1인당 제한: (현행) 제한없음 → (변경) 2건 이내
      보증한도: (현행) 제한없음 → (변경) 수도권·광역시 6억원, 지방 3억원
      보증대상: (현행) 제한없음 → (변경) 분양가격 9억원 이하 주택

  ○ 다운계약서 작성, 청약통장 거래, "떴다방" 등 **불법행위**에 대한
    점검 및 계도활동을 강화하여 부동산 거래질서 확립

    * 관계기관 합동(국토부, 지자체 등)으로 현장점검 및 계도활동 실시(6~7월)

| 〈2016년 하반기 경제 정책 방향〉中 분양 시장 안정화 관련 내용 |
(출처: 국토 교통부 2016. 6. 27.)

시장의 분위기가 이전과 조금 다르다 보니, 고수들은 정부 정책의 변화 가능성을 매의 눈으로 지켜보게 된다. 이때부터는 모든 사람들이 관심을 갖는 분야에 투자하기보다는 혹시 모를 위험에 대비해 조금씩 다른 분야로 투자의 비중을 옮겨 가는 모습을 볼 수 있다.

반면에 지금 당장 돈이 된다면 조금이라도 더 벌려고 욕심을 부리는 사람들이 상당히 많다. 그들은 고수와는 달리 이후에도 한동안 분양권 시장에 관심을 가질 가능성이 높다. 특히 이번 상승장(분양권 시장)에서 돈을 번 사람들은 자신의 투자 감각과 실력이 좋았던 결과라고 착각하고, 시장 분위기의 변화에도 아랑곳없이 추가 매입에 열중한다. 그들은 시장의 사이클이 변화하는 것을 경험해 본 적이 없기 때문이다.

그런데 시장의 과열을 막기 위해 정부가 정책의 방향을 전환하게 되면 시장의 분위기는 급변하여 한 순간에 급락할 수 있다. 한때 고수라 불리던 사람들이 갑자기 시장에서 사라졌던 이유가 바로 여기에 있다.(이 글을 쓰고 있던 2016년 11월 3일, 서울과 수도권을 기준으로 분양권 전매 제한이 다시 시작되었다. 2003년에도 정부가 분양권 전매를 전면 금지했던 적이 있었는데, 분양권이 돈이 된다고 보유 개수 늘리기에 치중했던 사람들은 정부가 규제로 돌아서자

자금 회전이 막혀 상당수가 투자에 실패했다. 이러한 과거 사례를 보면, 이제 분양권 투자는 '출구 전략'을 준비해야 할 시기임을 알 수 있다.)

진짜 고수는

한 번에 큰돈을 버는 사람이 아니라,

긴 시간동안 큰 실패 없이 꾸준히 투자하는 사람이다.

고수는 정부 정책의 전환으로 인한 시장의 변화 가능성을 항상 염두에 두며, 한 번에 많은 돈을 벌려고 욕심내기보다는 리스크를 관리하면서 꾸준히 투자하는 것이 더 큰 수익이 된다는 사실을 경험으로 알게 된 사람들이다.

"물 들어올 때, 노를 저어라."라는 말처럼 시기에 맞게 열심히 노를 젓는 것도 중요하지만, 그 배 안에는 항상 위험에 대비할 수 있는 '구명조끼'를 준비해야 한다. 그래야만 부동산 시장에서 오랫동안 살아남아 꾸준히 수익을 거두는 '진정한 투자 고수'가 될 수 있다.

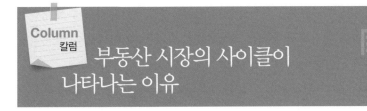

1 부동산 시장을 움직이는 3대 요소

시장 경제를 움직이는 3대 요소는 '정부', '기업', '가계'이다. 부동산 시장 역시 이 세 주체들의 활동에 의해 움직인다. 정부는 한 나라의 부동산 시장 '정책'을 수립하고 실행하는 주도 세력이며, 기업은 시장에 주택을 '공급'하는 주요 공급자 역할을 담당한다. 그리고 가계는 기업이 제공한 주택을 '소비'하는 수요자이다.

| 부동산 시장의 3대 요소 |

3대 요소가 추구하는 목적

정부와 기업, 그리고 가계 주체는 부동산 시장에서 추구하는 목적이 서로 다르다. '정부'는 부동산 시장이 한쪽으로 쏠리지 않고 안정적인 모습을 유지하도록 관리·감독하고자 하며, '기업'은 주택 공급자의 역할 외에도 최대 이윤을 추구하려는 목적을 가지고 활동한다. '가계' 역시 주거 생활의 안정을 위해 시장에서 주택을 구매하는 수요자 역할 외에도 시세 차익을 통해 추가 이익을 달성하고자 한다.

3대 요소의 행동과 전략 분석

부동산 시장의 3대 주체가 추구하는 목적이 다르기 때문에 이들이 시장에서 보이는 전략과 행동도 각기 다를 수밖에 없다. 정부가 부동산 시장을 안정적으로 운용하기 위해 '활성화' 또는 '규제'라는 정책을 번갈아 활용한다면, 기업은 정부의 정책 방향에 따라 주택 공급을 늘리거나 줄이는 전략을 구사한다. 마찬가지로 가계 역시 정부의 정책에 따라 주택을 구매하거나 구매를 미루는 전략을 통해 자신에게 가장 유리한 방향으로 행동한다.

| 부동산 시장에서의 정부, 기업, 가계의 목적과 전략 |

예를 들어, 정부가 침체된 나라 경제를 살리기 위해 부동산 시장을 활성화하기로 결정했다고 해 보자. 이때 기업(건설사)은 부동산 시장이 살아난다면 수요가 증가할 것이라 예상하고 주택 공급을 늘려 기업의 이윤을 최대화하려고 할 것이다. 가계 역시 정부의 활성화 정책으로 부동산 가격이 상승할 것을 예상하고 자신의 이익을 위해 주택을 매입할 가능성이 높으며, 이는 곧바로 주택 수요의 증가로 나타난다. 반대로 정부가 부동산 시장

규제 정책을 발표한다면, 기업이나 가계 모두 이를 감안하여 공급을 축소시키거나 투자를 중단할 것이다. 이처럼 부동산 시장의 참여자들은 상대의 추진 전략을 전제로 하여 자신에게 최대한 유리한 방향으로 행동을 결정한다.

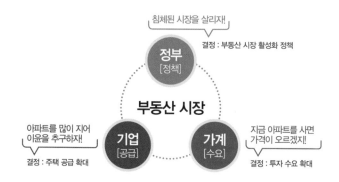

침체된 시장을 살리자!

결정 : 부동산 시장 활성화 정책

정부
[정책]

부동산 시장

아파트를 많이 지어
이윤을 추구하자!

기업
[공급]

결정 : 주택 공급 확대

가계
[수요]

지금 아파트를 사면
가격이 오르겠지!

결정 : 투자 수요 확대

| 정부의 부동산 시장 활성화 정책에 따른 시장 주체들의 의사 결정 과정 |

2 정부, 기업, 가계의 움직임에 따라 부동산 시장의 사이클이 형성된다

정부가 부동산 시장을 활성화하는 경우 가계의 주택에 대한 수요는 즉각적으로 늘어난다. 하지만 기업(건설사)은 곧바로 주택 공급을 할 수 없다는 문제가 있다. 실제로 시장에 주택이 공급되기 위해서는 착공에서부터 완공까지 약 2 ~ 3년의 시차가 발생하기 때문이다.

주택 가격 회복

따라서 부동산 시장 활성화 초기에 공급되는 주택은 침체기로 인해 미분양 되었던 2 ~ 3년 전 착공된 물량일 수밖에 없는데, 침체기가 도래했을 당시의 기업(건설사)들은 공급(착공)량을 줄였을 것이기에 그 물량은 한정적이다. 결국 정부의 활성화 정책으로 주택에 대한 수요는 늘어났지만 주택 공급량은 부족하므로 수요와 공급의 원리에 의해 주택 가격은 회복 및 상승하게 된다.

$$가격(\uparrow) = \frac{수요(\uparrow)}{공급(\downarrow)}$$

주택 가격 상승

이후 기업(건설사)은 이윤을 증가시키기 위해 점차 분양 물량을 늘리기 시작하지만, 주택이 완공되어 시장에 공급되기까지는 최소 2 ~ 3년의 기간이 걸리기 때문에 공급의 속도가 수익을 내려는 가계 주체들의 투자 수요 증가 속도를 따라잡지 못한다. 그러면서 점차적으로 공급량과 수요량의 격차는 벌어지게 되고, 그에 따라 주택 가격은 점차 상승 폭을 키워가게 되는 것이다.

$$가격(\uparrow\uparrow) = \frac{수요(\uparrow\uparrow)}{공급(\uparrow)}$$

주택 가격 하락

몇 년간 주택 가격의 상승 폭이 확대되면 정부는 시장의 안정적인 운영을 위해 이전과는 반대로 시장을 규제하는 방향으로 정책을 전환하게 된다. 정부 규제가 시행되면 가계의 주택 구매 수요는 즉시 줄어들게 되지만, 2 ~ 3년 전 부동산 시장이 호황이었던 시기에 기업(건설사)이 더 많은 이윤을 내기 위해 착공했던 물량이 부동산 시장으로 쏟아져 나온다. 결국 수요는 감소하는데 공급량은 증가하므로 주택의 가격은 과거와는 반대로 하락할 수밖에 없다.

$$가격(\downarrow) = \frac{수요(\downarrow)}{공급(\uparrow\uparrow)}$$

즉, 정부의 정책이나 가계의 수요 변화는 시장에서 즉시에 효과가 나타나는 반면, 기업이 시장에 주택을 공급하기까지는 약 2 ~ 3년의 시차가 있으므로 이때 발생하는 수급의 미스매칭(불균형)이 가격의 등락을 만들어 내는 것이다.

이렇게 정부의 정책 변화에 따라 가격의 상승과 하락이 일정 기간을 두고 반복해서 나타나게 되는 현상을 우리는 '부동산 시장의 사이클'이라고 부른다.

3.
'상승장'에서
투자하는 방법

부동산 시장이 침체되었다가 다시 살아날 때, 초기에는 주택 공급이 부족해 전세 가격이 먼저 오르기 시작하고, 이후에 매매 가격도 상승하는 모습을 보인다. 이러한 상황과 시장을 활성화하려는 정부의 정책이 맞물리는 경우, 부동산 시장은 소위 '대세 상승기'에 접어들 가능성이 매우 높다. 위축되었던 투자 심리가 회복되면서 실수요자와 투자자의 매수가 크게 증가하기 때문이다. 이 시기에 투자자가 꼭 체크해야 할 중요한 투자 포인트가 바로 '입지'와 '가격 차이'다.

상승장의 투자 기술
첫 번째, '입지'에 주목하라

1 A급 지역에 투자하라

부동산 시장이 살아나면 사람들은 제일 먼저 입지가 좋은 곳부터 관심을 가진다. 따라서 시장이 회복되기 시작할 때는 입지가 좋은 지역부터 가격 상승세가 시작되는 경우가 많으므로 A급 지역에 먼저 투자하는 것이 유리하다.

그런데 A급 지역에 관심을 가지라는 말을 하면 사람들은 제일 먼저 강남이나 목동, 판교와 같은 특정 지역을 떠올린다. 그리고는 "강남이나 목동이 좋은 것은 잘 알지만, 너무 비싸서 투자하기 어렵다."고 말한다. 물론이 지역들은 언론에서 많이 거론되기도 하고, 실제로도 입지가 좋은 지역임은 분명하다. 그러나 한편으로는 잘못된 편견 중 하나이기도 하다. 강남과 목동은 대표적인 A급 지역이기는 하지만, 강남과 목동만 A급 지역인 것은 아니기 때문이다.

특정 지역에 오래 살다 보면, 그 지역 안에서도 교통이 편리하거나 편의 시설이 많고, 학군이 좋은 곳이 존재하는 것을 알 수 있다. 사람들은 한번 터를 잡게 되면 가능한 한 기존에 거주하던 지역을 잘 벗어나지 않으려 한다. 특별한 사정이 있는 경우가 아니라면, 이사를 하더라도 거주 지역 내에서 학군이나 교통이 좋은 곳을 선택하는 경향이 있다.

그러다 보니, 어느 지역이든 그 안에서 선호되는 곳은 항상 존재하며 그곳은 주변보다 가격이 높게 형성될 수밖에 없다. 바로 이런 곳을 'A급 지역'이라고 부르는 것이다. 따라서 A급 입지 또는 A급 지역이란 말은 강남이나 목동과 같은 특정 지역을 나타내는 고유 명사가 아니라, 본인이 거주하거나 관심을 갖고 있는 권역에서 사람들이 가장 선호하는 곳을 나타내는 보통 명사로 이해할 필요가 있다.

2 A급 지역을 찾는 방법

초보 투자자들은 스스로 좋은 지역을 찾으려 노력하기보다는 전문가가 추천하는 지역을 맹목적으로 따라 투자하는 경우가 많다. 물론 지역을 분석하는 일이 쉽지는 않을 것이다. 하지만 남이 닦아 놓은 길을 편하게 따라가기만 해서는 절대로 실력이 늘지 않을 것이고, 꾸준한 투자를 할 수도 없다.

그렇다면 어떤 방법으로 A급 지역을 쉽게 찾아낼 수 있을까? 필자는 가장 먼저 각 시·군청 홈페이지에서 〈도시 기본 계획〉을 찾아볼 것을 추천한다. 〈도시 기본 계획〉은 시·군 지역의 기반 시설 확충을 위한 장기적인 도시 관리 전략을 제시하고 있다. 보통 계획 수립 시점을 기준으로 20년 후까지의 발전상을 포함하는 종합 계획이며, 5년마다 타당성을 재검토하여 계획을 정비하고 조정한다. 이를 통해 현재 해당 지역의 '중심지'가 어디인지 한눈에 알 수 있으며, 지자체가 향후 그 지역을 어떻게 발전시키려 하는지 '개발 방향'을 예상해 볼 수 있다.

서울시는 현재 '2030 서울 플랜'이라는 별칭으로 〈도시 기본 계획〉을 발표하고 진행 중이다. 다음 그림은 '2030 서울 플랜' 내용 중 하나로, 서울시가 계획하고 있는 공간 구조와 발전축을 보여주고 있다.

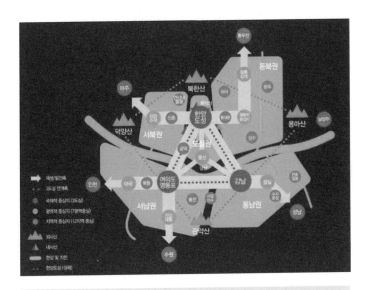

도심지(3곳) 한양 도성, 여의도/영등포, 강남
부심지(7곳) 용산, 마곡, 가산/대림, 잠실, 청량리/왕십리, 창동/상계, 상암/수색
지역 중심지(12곳) 연신내/불광, 신촌, 목동, 공덕, 봉천, 사당/이수, 수서/문정,
천호/길동, 성수, 동대문, 미아, 망우

| 서울시 공간 구조와 발전축 |
(출처: 서울시청 '2030 서울 플랜')

　발표 내용을 보면, 서울의 발전축을 고려하여 기존 3개의 도심지를 기준으로 7개의 부심지와 12개의 지역 중심지를 선정하고, 이 지역들을 상호 연계 발전시키려고 한다는 것을 확인할 수 있다. 또한 서울시는 생활권을 크게 5개 권역으로 나누고, 각 권역별 발전 방향을 세부적으로 구상하고 있다.

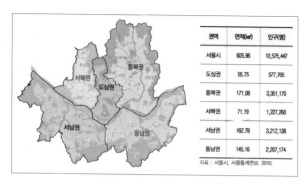

권역	면적(㎢)	인구(명)
서울시	605.96	10,575,447
도심권	55.75	577,705
동북권	171.08	3,351,170
서북권	71.19	1,227,260
서남권	162.78	3,212,138
동남권	145.16	2,207,174

자료 : 서울시, 서울통계연보, 2010.

| 서울시 5개 생활권(출처: 서울시청) |

서울 서북권으로 한정해 살펴보면, 중심지 역할을 하는 상암/수색과 신촌을 기반으로 연신내/불광, 그리고 마포/공덕 등의 지역과 연계하여 발전시킬 구상을 하고 있다. 이 역시 '2030 서울 플랜' 자료 중 하나인 다음 그림을 통해 확인할 수 있다.

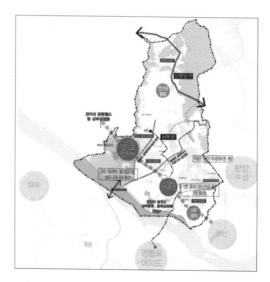

| 서울시 서북권 발전 구상도(출처: 서울시 '2030 서울 플랜') |

이와 같이, 투자처로 서울을 염두에 두고 있다면 제일 먼저 〈서울시 도

시 기본 계획〉인 '2030 서울 플랜'을 통해 A급 지역을 찾기 바란다. 그리고 이를 기반으로 구체적인 투자 지역을 선별하면 된다. 만약 인천에 관심이 있다면 마찬가지로 〈인천시 도시 기본 계획〉을 확인해 보자. 인천 역시 각 권역별로 세부적인 발전 방향을 구상하고 있는데, 크게 4개의 도심지와 3개의 부도심지, 그리고 9개의 지역 중심지를 기반으로 상호 연계 발전시킬 계획임을 다음 자료를 통해 알 수 있다.

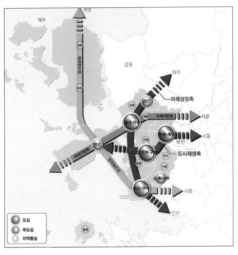

| 인천시 공간 구조와 발전축(출처: 2030년 인천 도시 기본 계획) |

〈도시 기본 계획〉은 서울과 인천뿐 아니라 다른 시·군에서도 'A급 지역'을 찾는 데 큰 도움이 될 것이다. 각 지자체에서 오랫동안 연구하고 준비해서 계획한 자료이므로 신뢰성이 높을 뿐 아니라, 앞으로 해당 지역의

개발 및 발전 가능성을 확인하는 데 상당히 유용하다. 그러므로 상승장에서 투자 지역을 고민할 때, 막연하게 감으로 판단하거나 전문가에게 전적으로 의존하기보다는, 믿을 수 있는 정보에 근거해서 직접 지역의 중심지와 발전축을 찾아보자. 이러한 노력의 결과가 본인의 실력으로, 그리고 꾸준한 투자 성과로 나타날 것이다.

상승장의 투자 기술
두 번째, '가격 차이'에 주목하라

부동산 시장이 회복될 때는 가장 먼저 가격 상승이 시작되는 A급 지역에 우선적으로 투자하는 것이 유리하다고 했지만, 막상 관심을 갖고 보면 입지가 좋은 지역의 가격은 이미 상당히 올라 있을 수도 있다. 그렇다고 해서 실망하거나 투자를 포기할 필요는 없다. 상승장에서 수익을 낼 수 있는 기회는 한 번만 있는 것이 아니다.

앞에서도 언급했지만, 상승기가 이어지면 중심지부터 가격이 오르기 시작해 점차 외곽으로 그 흐름이 확산된다. 특정 지역의 가격이 너무 오르게 되면 이에 대한 부담감으로 인해 대안을 찾는 사람들이 많아지기 때문이다. 이때 사람들은 A급 지역의 인프라를 이용하는 데 큰 불편이 없으면서도 상대적으로 가격이 낮은 외곽 지역으로 선택의 범위를 넓게 되는데, 보통 '중심지 → 부심지 → 외곽지' 순서로 가격 상승세가 나타난다.

서울을 전체로 놓고 생각해 보면, 강남이 대표적인 '중심지'이고, 왕십리나 마포, 공덕과 같은 곳은 '부심지'라고 할 수 있다. 그리고 노원이나 도봉 권역은 서울의 외곽에 있으므로 '외곽지'라고 말할 수 있을 것이다. 실제로 2000년대 초·중반에 강남이 가장 먼저 상승하면서 주변과 가격 차이가 벌어지자, 뒤이어 부심지가 따라 상승했고, 2007~2008년에 접어들면서부터 상대적으로 저평가되었던 외곽의 강북 3구의 가격이 급등했다.

| 2008년 강북 3구 부동산의 급등세를 보도한 뉴스 |
(출처: 2008. 3. 30. SBS 뉴스)

과거뿐 아니라 최근에도 이와 비슷한 현상이 나타났다. 2016년 10월, 서울의 아파트 가격이 상승한 이후 수도권으로 상승세가 확산되고 있다는 내용을 보도한 뉴스 기사를 확인할 수 있다.

| 2016년 서울 아파트 가격 상승세가 수도권으로 확산 |
(출처: 2016. 10. 4. 연합뉴스TV)

동일한 현상을 여러 신문 매체에서도 헤드라인으로 다루었다.

강남권 아파트 가격 상승 폭 확대, 서울 수도권으로 확산
[서울경제 2016. 4. 14.]

심상치 않은 아파트 값 상승세 서울 이어 수도권 확산 조짐
[한겨레 2016. 10. 3.]

이처럼 중심지가 오르면 주변 지역도 따라 오르는 것을 가격의 '갭 메우기 현상'이라고 한다. 이 현상은 중심지에서 부심지로, 또 다시 외곽으로 확산되기도 하지만, 같은 권역에서도 선호 지역과 비선호 지역의 가격 차이가 커지면 언제든지 나타날 수 있다. '갭 메우기 현상'을 제대로 이해한다면, 상승기가 진행되면서 '지역 간' 또는 '지역 내' 가격 차이가 크게 벌어질 때, 본인의 가용 자금에 맞는 지역을 찾아 효율적인 투자를 할 수 있을 것이다. 부동산 시장의 대세 상승기에 필자가 실제로 투자했던 사례를 살펴보면서, '갭 메우기 현상'을 이용한 '갭 메우기 투자'에 대해 좀 더 자세히 알아보자.

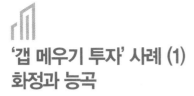

'갭 메우기 투자' 사례 (1)
화정과 능곡

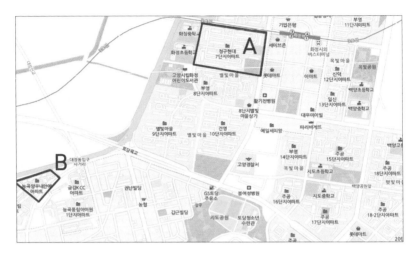

| 고양시 화정 지구와 능곡 |

앞의 지도는 고양시 덕양구의 '화정 지구'와 그 주변 지역을 나타내고 있다. 가로로 놓인 대로를 기준으로 위쪽이 '화정 지구'이고, 아래는 '능곡'이라고 불리는 구도심 지역인 토당동이다.

이미 예상이 가능하겠지만, 이 지역 사람들은 구도심인 능곡보다 택지 지구인 화정을 더 선호했고, 그 중에서도 화정역 주변의 역세권 아파트를 가장 선호했다. 지도에서 화정역 왼쪽에 보이는 별빛마을 청구·현대 7단지가 바로 역세권 단지인데, 이 지역의 중심지(A급 입지)라 말할 수 있는 곳이다.

그런데 필자는 사람들이 선호하는 화정 지구의 역세권 아파트(A)가 아닌 외곽의 능곡 구도심에 있는 양우 아파트(B)에 관심을 두고 있었다. 물론 투자할 수 있는 자금을 고려한 선택이기도 했지만, 이유는 그뿐만이 아니었다. 먼저, 당시 두 아파트의 시세를 비교해 보자.

아파트	전용 면적	상한가(만 원)	비고
청구 · 현대 7단지	85㎡	29,750	화정 지구
양우	85㎡	19,750	능곡 구도심(분양권)

| 2004년 9월 매입 당시 기준 KB 부동산 시세 |

※부동산 시장이 상승기일 때는 상한가가 실제 시세와 유사하기 때문에 상한가로 비교했다.

같은 평형대임에도 능곡의 양우 아파트 가격이 화정 지구의 청구 · 현대 아파트보다 1억 원이 더 낮았다. 사람들이 화정 지구를 더 선호하므로 가격 차이가 나는 것은 당연하다고 볼 수도 있겠지만, 이전 2년간의 시세 변화를 살펴보면 그리 단순하게 생각하고 넘어갈 부분이 아니었다.

연도	중심지(화정 지구)		외곽지(능곡 구도심)	
	청구 · 현대	등락 폭	양우	등락 폭
04년 7월	27,500	3,250 ↑	18,550	1,450 ↑
03년 7월	24,250	2,250 ↑	17,100	1,100 ↑
02년 7월	22,000	1,750 ↑	16,000	0
전체 상승 폭	7,250 ↑		2,550 ↑	

| 2002 ~ 2004년 부동산 뱅크 시세(가격 단위: 만 원) |

※전용 면적 85㎡, 3베이 구조로 모두 동일하다.

※2000년대 초반은 KB 시세가 존재하지 않고 '부동산 뱅크 시세'를 활용하던 시기였다. 따라서 부동산 뱅크 시세의 상한가와 하한가를 참조해 중간 값을 시세로 표기했다.

위의 시세 변화표를 보면, 2002년에는 두 지역의 아파트 가격 차이가 약 6천만 원 정도였다. 하지만 부동산 시장이 활성화되면서 선호도가 높은 청구 · 현대 아파트 가격이 더 크게 상승해 시세 차이가 1억 원 정도로 더 벌어진 것이다. 상승장 초기에는 가장 먼저 중심지의 가격이 상승한다고 했던 것을 실제로 확인할 수 있다.

그러나 중심지와 멀지 않거나 그 지역의 인프라를 충분히 활용할 수 있는 외곽의 아파트 가격이 중심지에 비해 매우 낮게 형성되어 있다면, 자금이 부족한 사람들은 점차 외곽 지역으로 시선을 돌릴 수밖에 없다. 실제로 능곡은 화정 지구와 바로 붙어 있고, 마을버스로 약 5~10분 정도만 이동하면 화정 지구의 인프라를 쉽게 이용할 수 있는 지역이었다. 그렇기 때문에 크게 벌어진 가격 차이가 언젠가 다시 좁혀질 가능성이 매우 높았고, 능곡은 적은 보유 자금으로도 큰 시세 차익을 기대할 수 있는 매력적인 투자처였다. 이후, 두 아파트의 시세 변화를 통해 결과를 확인해 보자.

연도	중심지(화정 지구)		외곽지(능곡 구도심)	
	청구 · 현대	등락 폭	양우	등락 폭
08년 7월	44,250	0	32,500	2,000 ↑
07년 7월	44,250	3,250 ↑	30,500	7,500 ↑ ③
06년 7월	41,000	14,000 ↑ ②	23,000	2,000 ↑
05년 7월	27,000	500 ↓	21,000	2,450 ↑ ①
전체 상승 폭	16,750 ↑		13,950 ↑	

| 2005 ~ 2008년 KB 부동산 시세 |
(일반가 기준, 가격 단위: 만 원)

처음(2000년대 초반)에는 중심지(화정)가 먼저 크게 오르면서 가격 차이가 더 벌어졌지만, 2005년 7월에는 능곡 아파트의 상승세가 화정보다 높아져(①) 그동안 벌어졌던 차이를 메우는 것을 확인할 수 있다. 그리고 부동산 상승세가 이어진 2006년에는 중심지가 다시 크게 올랐고(②), 이후 시차를 두고 외곽지인 능곡 역시 따라 상승하며(③) 갭을 메웠다.

외곽 지역은 아무래도 중심지보다 상승 폭이 크지 않고, 중심지 가격을 넘어서기도 쉽지 않다. 하지만 능곡의 경우와 같이, 상승기에는 중심지와의 가격 차이가 크게 벌어지면 그 갭을 메우기 위해 외곽지의 가격이 따라 상승하는 경우가 많으므로 적은 자금을 투자하더라도 충분히 만족할 만한 수익을 얻을 수 있다.

'갭 메우기 투자' 사례 (2)
삼송 지구

　앞의 내용은 부동산 시장이 대세 상승기였던 2000년대 중반의 사례이 므로 이후 꽤 많은 시간이 흘렀다. 하지만 시장의 사이클이 반복적인 패턴 을 보인다는 것을 기억한다면, 갭 메우기 투자의 기회는 또다시 돌아올 거 라는 것을 예상할 수 있다. 현재 유사한 사례가 진행되고 있는 곳은 바로 다음 지도에서 나타내고 있는 '고양시 삼송 지구'이다. 최근에 가장 주목받 은 지역 중 하나이므로 좀 더 생생한 간접 경험이 될 것이다.

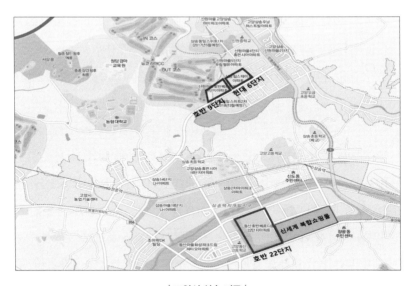

| 고양시 삼송 지구 |

　이곳은 신분당선 연장과 함께 신세계 복합 쇼핑몰이 들어서기로 확정 되면서 많은 사람들의 관심을 받았던 지역인데, 특히 쇼핑몰 바로 옆에 위

치한 호반 22단지가 삼송 지구 내에서도 가장 선호되는 A급 단지 중 하나이다.(현재 아이파크 2차 20단지와 호반 22단지가 가장 선호되고 있다.)

삼송 지구 내에서 북쪽(북삼송)은 신세계 복합 쇼핑몰이나 지하철역과의 거리가 상대적으로 멀어 남쪽(남삼송)에 비해 가격대가 낮은 편이다. 심지어 같은 건설사가 지었음에도 불구하고 남삼송의 호반 22단지가 북삼송의 호반 9단지보다 가격이 더 높다. 먼저 두 아파트의 과거 시세를 확인해보면, 최초의 가격 차이는 약 4천만 원 정도이다.

아파트	전용 면적	일반가(만 원)	비고
호반 22단지	85㎡	41,250	남삼송
호반 9단지	85㎡	37,250	북삼송

| 2014년 9월 KB 부동산 시세 |

※ 22단지는 '14년 8월, 9단지는 같은 해 9월부터 KB 시세에 정식으로 등재되었다.

이후 신세계 복합 쇼핑몰 건설 및 신분당선 연장이라는 호재가 발생하고 부동산 시장이 회복되면서 선호도가 높은 호반 22단지의 가격이 지난 2년간 계속 상승한 것을 다음의 표에서 확인할 수 있다. 반면에 호반 9단지는 22단지에 비해 큰 움직임을 보이지 않았다.(가능한 A급 지역에 투자하라는 이유가 바로 여기에 있다.)

연도	중심지(남삼송)		외곽지(북삼송)	
	호반 22단지	등락 폭	호반 9단지	등락 폭
17년 1월	55,000	7,000 ↑	42,000	4,000 ↑
16년 7월	48,000	500 ↑	38,000	0
16년 1월	47,500	2,500 ↑	38,000	0
15년 7월	45,000	3,500 ↑	38,000	250 ↑
15년 1월	41,500	250 ↑	37,750	500 ↑
전체 상승 폭	13,750 ↑		4,750 ↑	

| 2015 ~ 2017년 삼송 지구 KB 부동산 시세 비교(가격 단위: 만 원) |

하지만 여기서 눈여겨봐야 할 것은, 지난 2년간 가격 변동이 거의 없었던 북삼송 지역에서도 최근에는 위치가 좋은 곳부터 조금씩 상승의 움직임이 나타나고 있다는 점이다.

| 삼송 지구 북쪽의 아파트 단지 |

북삼송을 나타낸 지도에서 볼 수 있듯이, 중심 상업 시설에 근접한 현대 6단지(힐스테이트)의 입지가 가장 좋고, 앞에서 언급한 호반 9단지는 바로 그 옆에 위치하고 있다. 다음의 표를 보면, 중심지라고 볼 수 있는 남삼송보다 늦기는 하지만, 외곽지인 북삼송 역시 상승세가 시작된 것을 확인할 수 있다. 북삼송에서는 A급 입지인 현대 6단지의 가격 상승세가 가장 크고, 호반 9단지는 그보다 조금 늦게 상승하기 시작했다.

연도	중심지(남삼송)		외곽지(북삼송)			
	호반 22단지	등락 폭	현대 6단지	등락 폭	호반 9단지	등락 폭
17년 1월	55,000	7,000 ↑	47,000	2,000 ↑	42,000	4,000 ↑
16년 7월	48,000	500 ↑	45,000	4,000 ↑	38,000	0
16년 1월	47,500	2,500 ↑	41,500	1,000 ↑	38,000	0
15년 7월	45,000	3,500 ↑	40,500	–	38,000	250 ↑
15년 1월	41,500	250 ↑	–	–	37,750	500 ↑
전체 상승 폭	13,750 ↑		7,000 ↑		4,750 ↑	

| 2015 ~ 2017년 북삼송 KB 부동산 시세 비교(가격 단위: 만 원) |

※ 현대 6단지는 2015년 10월부터 KB 시세에 등재되었다.

이처럼 '삼송 지구'라는 하나의 권역 내에서 시차를 두고 시세가 상승하는 현상은 '중심지'인 남삼송에서 시작해서 '외곽지'인 북삼송으로, 그 외곽지에서도 '입지가 좋은 곳'에서부터 상대적으로 저렴한 '주변 지역'으로 점차 수요가 이동하고 있다는 것을 의미한다. 재미있는 사실은 2016년 11월에 정부가 규제 정책(11.3 부동산 대책)을 발표했음에도 불구하고 삼송 지구의 시세가 여전히 상승세를 유지하고 있다는 점이다.

삼송 지구에 관심은 있지만 가격이 너무 올라서 고민하는 사람들에게 필자는 꼭 중심지가 아니더라도 괜찮다고 조언했으나, 실제로 주변 지역에 투자한 사람은 거의 없었다. 대부분 현재 가격이 많이 오르는 곳에 더 관심을 갖는 반면, 아직 가격 상승을 눈으로 확인할 수 없는 주변 지역에 대한 투자는 그 결과의 불확실성으로 인해 꺼려지기 때문이다.

그러나 오랜 시간동안 부동산 시장을 지켜본 경험에 의하면, 수요는 가격이 높은 곳에서 낮은 곳으로 자연스레 흘러가게 되어 있다. 따라서 '관심 지역'의 가격이 이미 크게 상승해서 투자하기 망설여지거나 자금이 부족한 상황이라면 동일한 인프라를 활용할 수 있는 '주변 지역'에 투자해 보

자. '갭 메우기 투자'는 앞선 사례에서 보았듯이 10년 전에도 유용했고, 지금도 역시 투입 비용 대비 수익률이 높은 효율적인 투자 방법 중 하나다.

4.
부동산 투자의 완성은
'매도'

　만약 어떤 아파트를 2억 원에 구입했다고 가정해 보자. 그런데 매수한 가격보다 1억 원이 올라서 현재 가격이 3억 원이라고 한다면 얼마를 벌었다고 생각하는가? 보통 시세 차익이 고스란히 수익이 될 거라 믿으므로 1억 원을 벌었다고 생각하며 상당히 기뻐할 것이다.(여기서 세금은 고려하지 않았다.) 따라서 사람들은 처음 매수할 때부터 가격이 오를 만한 부동산을 찾으려고 많은 노력을 기울인다. 실제 필자의 경험을 돌이켜 봐도, 가치가 있는 부동산을 찾아 매수하는 것은 성공적인 투자를 위한 필수 요소이기 때문에 지금까지 그 방법을 다각도로 분석하고 설명했다.

　하지만 시간이 흘러 투자 경험이 늘어나면 매수와는 별개로 중요한 요소가 하나 더 있다는 사실을 깨닫게 된다. 그것은 바로 '적절한 시기에 잘 매도하는 것'이다. 매수한 가격보다 시세가 상승해서 벌었다고 생각하는 1억 원은 매도하기 전까지는 절대 자신의 수익이 아니다. KB 시세로 아무리 1억 원이 올랐다하더라도 막상 팔아야 하는 시기에 그 가격으로 매도할 수 없다면, 1억 원이라는 시세 차익은 한낱 이루어질 수 없는 꿈일 뿐이다.

　투자를 경험하면 할수록, 필자는 처음 예상했던 수익과 실제 수익이 다를 수 있다는 사실을 깨달았고, 매도의 중요성과 어려움에 대해 많은 생각을 했다. 그런 고민과 수많은 경험을 거쳐 필자는 '언제', '어떻게' 매도를 해야 최대한 좋은 결과를 얻을 수 있는지에 대한 답을 스스로 찾았다. 부동산 투자를 완성하는 단계이므로 매우 중요하지만, 많은 사람들이 간과하고 있는 '매도'의 기술에 대해 마지막으로 이야기해 보고자 한다.

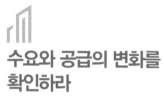

수요와 공급의 변화를
확인하라

1 매도인 우위의 시장에서 팔아야 한다

매도에 있어서 가장 중요한 것은 '시기'이다. 특히 '매도인 우위의 시장'에서 보유 부동산을 파는 것이 매우 유리한데, 매도하려는 사람보다 매수를 원하는 사람이 많아서 매도인이 심리적으로 우위에 있는 시장을 말한다. 이 시장은 주로 어느 지역에 호재가 발생했거나 가격의 상승세가 꾸준히 이어져 앞으로 가격이 더 오를 거라 생각한 사람들이 매수에 나설 때 많이 나타난다. 이때, 매도인의 입장에서는 팔지 않아도 별로 아쉬울 것이 없지만, 매수인은 가격이 더 오를지도 모른다는 심리적 압박감을 느껴 비싼 가격에도 먼저 매수하려고 하는 경우가 상당히 많아 오버슈팅*이 발생

---

* **오버슈팅(Overshooting)**
  경제의 각종 가격 변수가 일시적으로 급등하거나 급락하는 현상으로, 여기서는 매수 가격이 크게 급등하는 현상을 의미

하기도 한다. 따라서 되도록이면 매도인 우위의 시장을 이용하는 것이 쉬우면서도 높은 가격에 매도할 수 있는 현명한 방법이다.

2 입주 물량이 많은 시기를 피해야 한다

특정 지역에 입주 물량이 많아지면 일시적으로 공급이 늘어나 가격이 하락하는 경우가 많다. 따라서 이 시기에 매도를 하게 되면 절대로 높은 가격을 받기 어렵다.

과거에 있었던 잠실의 사례를 살펴보자. 잠실은 누구나 선호하는 지역 중 하나로 다른 어떤 곳보다 전세 가격과 매매 가격이 비싸다. 하지만 이 지역도 2008년에 입주 물량이 한꺼번에 몰리면서 가격이 크게 하락한 적이 있다.

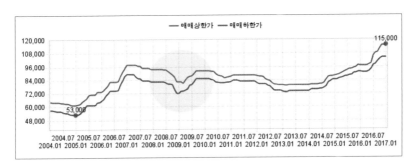

| 2008년 입주 물량 증가로 매매 가격이 급락한 잠실 우성 아파트(출처: KB 시세) |

이 그래프는 잠실 종합 운동장 앞에 있는 우성 아파트(1, 2, 3차) 105.78㎡의 KB 시세 변화를 나타낸 것이다. 우성 아파트 바로 옆의 잠실 주공을 재건축한 리센츠 아파트와 엘스 아파트 1만여 세대가 2008년 7월부터 한꺼번에 입주를 시작하면서 주변 아파트 가격이 크게 하락했다. 만약 이 시

기에 급하게 아파트를 팔아야 했다면, 일시적인 가격 하락으로 인해 평소 알고 있던 시세보다 훨씬 더 낮은 가격에 매도할 수밖에 없었을 것이다.

공급 물량이 일시적으로 늘어났더라도 이후 수급이 정상화되면 가격도 점차 회복하게 된다. 그래프를 보면, 가격이 하락한 이후에 부동산 시장의 침체로 잠시 주춤한 모습을 보이다가 다시 천천히 회복되는 것을 확인할 수 있다.

최근에는 위례 신도시에서도 입주 물량이 늘어나며 가격 하락 현상이 부분적으로 나타나고 있지만, 시간이 흘러 수급이 정상화되면 이 지역 역시 잠실처럼 원래대로 가격이 회복될 가능성이 매우 높다. 따라서 매도를 계획하고 있는 경우라면 그 지역의 입주 물량이 급등하는 시기를 피해 매도하길 바란다.

다주택자를 위한 매도의 기술

입주 물량이 많은 시기와 전세 만기가 겹치는 상황을 조심하라

최근 전세를 안고 여러 채를 매입하는 갭 투자자가 많이 늘었다. 일반적인 갭 투자는
전세 보증금을 이용해 소액으로 집을 사고, 2년이 경과한 후 전세 가격 상승이 매매
가격을 밀어 올릴 때 매도해 높은 수익을 노리는 단기 투자 방식이다. 그런 이유로 갭
투자는 전세 가격이나 매매 가격이 하락하는 경우에 상당히 위험해질 수 있다. 특히
입주 물량이 많은 시기와 전세 만기가 겹치는 시기를 조심해야 한다.

앞에서 본 잠실 우성 아파트의 2008년 당시 전세 가격 흐름을 살펴보면, 잠실
리센츠와 엘스 입주 시기에 매매 가격뿐 아니라 전세 가격 역시 크게 하락했다. 직접
입주를 하지 않는 사람들이 전세 물량을 일시적으로 많이 쏟아냈기 때문이다.

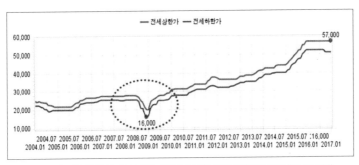

2008년 입주 물량 증가로 전세 가격이 급락한 잠실 우성 아파트(출처: KB 시세)

매매 가격 하락으로 시세 차익을 얻지 못한 것은 그렇다 치더라도, 전세 가격이
하락하면 전세 만기 시점에 그 하락분을 돌려줘야만 하므로 추가 비용이 발생하게
된다. 특히 여러 채를 보유한 갭 투자자라면 상당한 현금이 추가로 필요하다.

이와 같이 매매가와 전세가의 동시 하락은 갭 투자자들에게 매우 큰 위험 요인이
된다. 따라서 전세를 안고 여러 채를 투자하려는 경우, 항상 전세 만기와 주변의 입주
물량을 꼼꼼히 따져 보고 난 다음 본인이 감당할 수 있는 수준에 맞게 투자할 필요가
있다.

3 규제 정책 발표 직후의 매도는 절대 금물이다

부동산 대책, 특히 규제 정책이 나온 직후에는 급매물은 늘어나고, 매수 수요는 급격히 감소하는 경향이 있다. 이때, 급매물이 증가하게 되면 가격이 크게 하락하고, 이후 추가 규제가 없으면 다시 급매물이 사라지면서 가격이 회복되는 모습을 볼 수 있다. 그렇기 때문에 어쩔 수 없이 매도해야 하는 경우라 하더라도 가능하면 규제 정책 이전이나 아니면 급매물이 어느 정도 줄어든 다음에 매도하는 것이 훨씬 더 유리하다.

혹자는 정부의 부동산 규제를 어떻게 미리 알 수 있냐는 의문을 가질 수도 있겠지만, 그동안 정부가 취한 행동 패턴을 이해한다면 쉽게 파악할 수 있다. 만약 정책을 갑작스럽게 발표하게 되면 일반 대중에게 큰 혼란을 줄 뿐 아니라 강한 반발을 살 우려가 있기 때문에 정부는 대중의 여론에 상당히 민감하다. 그래서 부동산 규제 정책을 시행하기 전에 미리 규제 가능성을 흘리면서 일정 기간 여론과 시장의 반응을 살핀다. 그리고 대중들이 곤란한 상황에서 빠져나올 수 있도록 시간적 여지를 준 다음에 규제 정책을 최종 확정·발표하는 경우가 많다.

따라서 정부가 언론을 통해 규제 정책의 필요성을 제기하는 모습을 보이면 머지않아 실제로 발표될 가능성이 높으므로, 해당 정책이 본인에게 불리하다고 판단되면 바로 매도를 계획할 필요가 있다. 이러한 경우에는 현재 시세를 정확히 파악한 다음, 욕심을 부리지 말고 시세보다 좀 더 저렴하게 내놓는 것이 좋다. 싸다고 생각한 것이 오히려 비싸게 매도한 결과가 될 수도 있기 때문이다. 이에 대해서는 뒤에서 다시 자세하게 설명하려고 한다.

4 전통적인 비수기를 피해야 한다

보통 부동산 거래 '성수기'가 봄과 가을이라면, '비수기'는 여름과 겨울이다. 아무래도 여름과 겨울은 사람들이 활동하기 어려운 시기이기 때문에 가능하면 비수기를 피하는 것이 좋은데, 그중에서도 1~2월과 장마와 휴가가 같이 겹쳐 거래가 뜸한 7~8월을 피해 매도하는 것이 유리하다.

하지만 단순히 계절적인 이유만은 아니다. 정부가 정책이나 제도를 변경하는 경우(세금 감면 기준을 축소하거나 확대하는 등)에 즉시 적용하기보다는 보통 그해 연말까지 한시적으로 유예 기간을 주는 경우가 많다. 이때, 혜택을 받으려는 사람들로 인해 연말까지 거래가 집중되므로 직후인 다음 해 1~2월에는 급격한 거래 단절 현상이 일어나게 된다.

따라서 이러한 비수기에 물건을 내놓았다가는 거래 단절로 인한 가격 하락으로 헛수고를 하거나 손해를 볼 수 있으므로, 되도록이면 이 시기를 피해 매도하는 것이 좋다. 반면에 매수인이라면 바로 이때를 노리는 것이 저렴하게 부동산을 매입할 수 있는 방법이다.

매수인의 심리를 이용하라

1 돈이 모이는 집이라는 점을 강조하자

우리나라 사람들은 집을 볼 때, "배산임수의 남향집이 좋다."라거나 "안방에 수맥이 지나면 안 된다."는 식의 말을 종종 해왔다. 산세(山勢)나 지형(地形), 방위(方位) 등이 사람의 길흉화복에 영향을 준다는 의미에서 '풍수지리'는 오랜 시간 전통처럼 이어져 왔는데, 과거만큼은 아니지만 여전히 사람들은 집의 기운이나 분위기에 대해 민감한 편이다. 집을 사려고 방문한 사람에게 "이 집에서 살고 난 다음부터 일이 잘 풀려서 이제 더 큰 집으로 이사합니다."라고 말해 보면, 생각 외로 많은 사람들이 긍정적인 반응을 보이는 것을 느낄 수 있다.

필자가 부동산 투자자라는 것을 잘 아는 중개업소에서 매수인에게 "이 집 주인이 여기 살면서 돈 많이 벌었어요."라고 강조하며 소개했던 적이 있었는데, 실제로 관심을 보이는 사람이 많았고 거래도 수월하게 이루어졌다. 그리고 얼마 전에는 세입자가 '행복 주택'에 당첨되어 나가면서 집을 내놓게 되었는데, 집을 같이 보러 온 한 신혼부부의 부모가 좋은 기운을 가진 집이라는 이유로 계약하길 권해 쉽게 거래되었다. 심지어는 교회 목사님이 세입자로 거주했던 집을, 은혜(?)를 받을 것 같다며 독실한 기독교 신자가 구입한 적도 있다.

모든 상황에 맞아떨어지지는 않겠지만 위의 경험들을 나열한 이유는, 이렇듯 매수인의 입장에서 심리적으로 호감을 가질 만한 상황(특히 돈이 모이는 집의 기운을 싫어하는 사람은 없다.)을 강조하는 것이 매물의 가치를 높일 수 있는 좋은 방법이기 때문이다. 그것도 크게 애쓰거나 돈을 들이지 않고도 말이다.

2 깨끗한 집이 잘 나간다

집의 기운이라고 해서 꼭 미신이나 샤머니즘을 떠올릴 필요는 없다. 막상 집을 자주 보러 다니다 보면 유독 들어가기 싫거나 다시는 보고 싶지 않은 곳이 있는데, 대부분 집 청소나 정리를 제대로 하지 않은 경우다. 생각해 보라. 오랫동안 청소를 하지 않아 퀴퀴한 냄새가 나거나 세탁물 또는 이불이 정리·정돈되지 않은 채 여기저기 널브러져 있다면 좋아할 사람이 과연 몇이나 될까?

| 현관 정리 · 정돈 전과 후 |

사진에서 볼 수 있듯이, 똑같은 집이더라도 현관을 정리·정돈한 모습과 하지 않은 것의 느낌은 상당히 다를 수밖에 없다. 매수인이 꺼릴 만한 모습을 그대로 보여주는 것은, 상대방이 낮은 가격으로 협상을 제시할 빌미를 줄 뿐 아니라 거래 자체를 불가능하게 만들기도 한다.

청소나 정리·정돈이 잘된 집에서 느껴지는 편안함과 상쾌함은 군이 말로 하지 않아도 전해지는 좋은 기운이다. 따라서 원하는 가격에 빠른 매도를 하고 싶다면, 상대방이 기분 좋은 마음으로 매수할 수 있도록 최대한 깨끗하고 단정한 상태로 집을 보여줄 필요가 있다.

3 주부들이 좋아할 만한 인테리어로 확 바꾸자

과거에 비해 물질적으로 풍요로운 시대가 되면서 인간 생활의 기본 요소인 의식주(衣食住)에서도 질적인 측면을 중시하게 되었다. 특히 최근에는 주거 환경이 삶의 가치에 미치는 영향력이 더욱 커져 집이라는 공간에 많은 의미를 부여하고 있다.

사람들은 이후의 변화된 모습을 상상하기보다는 첫인상으로 모든 것을 판단하는 경향이 있다. 임대하거나 매도하려는 집이 오래되고 낡은 집이라면 단순히 청소하고 정리하는 것만으로는 큰 변화가 없을 수도 있다. 이런 경우에는 리모델링이나 인테리어, 홈 스타일링 등을 활용한다면 멋진 변화와 가치 상승을 이끌어낼 수 있을 것이다.

| 수리 전과 후의 변화(출처: 카페 〈행복재테크〉) |

※부동산 투자자이자 칼럼니스트인 이선미(쿵쿵나리) 강사는 낡고 하자 있는 집을 훌륭하게 변화시켜 높은 수익을 거둔 사례들로 차별화된 투자 방법을 제시했다. 〈행복재테크〉의 '인테리어 노하우' 게시판에서는 이와 관련한 많은 사람들의 투자 사례를 접할 수 있다.

간혹 수리비를 들인 만큼 수익을 추가로 얻지 못하는 상황이 될까 두려워 시도조차 하지 않는 투자자도 있다. 그러나 누구나 깨끗하고 예쁜 집에서 살고 싶은 마음은 있지만, 막상 스스로 수리하는 것은 귀찮게 여기거나 방법을 몰라 엄두를 못 내는 사람들이 상당히 많다. 그렇기 때문에 멋지게 인테리어가 된 집을 보게 되면 돈을 더 주고라도 매수하고자 하는 경우도 있다.

물론 무조건 많은 돈을 들여 큰 공사를 해야 한다는 의미는 아니다. 주변 매물의 거주 환경, 시세, 수요층의 성향과 시장의 상황 등을 고려하여 최소한의 비용으로 최대의 효과를 얻을 수 있는 정도의 수준을 결정하고 발품을 팔아야 한다. 그리고 집을 계약하는 데 있어서 주부의 영향력이 크게 미치는 점을 생각해 볼 때, 주부들이 선호할 만한 인테리어에 초점을 맞추는 것이 매우 중요하다.

욕심을 버려라!
그것이 돈 버는 방법이다!

1 하나의 물건으로 최대 수익을 추구하지 마라

어떤 투자자라도 부동산 가격이 계속 오르고 있으면 쉽게 팔기가 어렵다. 가격 상승분이 고스란히 본인의 수익이 될 수도 있는 상황에서 그 수익을 포기한다는 것은 그리 쉬운 일이 아니다. 그런데 문제는 조금 더 많은 수익을 얻으려고 매도 결정을 미루다가 시장이 하락세로 전환되는 경우, 오히려 더 손해를 보게 될 수도 있다는 점이다.

필자 역시 2008년 초에 이와 같은 경험을 했다. 당시 매도하려던 아파트가 1억 원의 시세 차익이 예상되던 물건이었는데, 가격이 계속 오르니 조금만 더 있어보자는 생각에 결국 매도할 시기를 놓쳐 버리고 말았다. 그때는 시장의 분위기가 그리 쉽게 식을 줄 몰랐다. 이후 가격이 계속 하락하면서 필자는 5천만 원의 시세 차익을 남기고 서둘러 빠져나왔는데, 한동안은 5천만 원을 손해 본 것 같아 속이 쓰렸던 경험이 있다.

필자가 그랬던 것처럼, 부동산 시장이 활황세를 보이는 경우에 사람들은 알 수 없는 미래의 최고점을 기대하며 매도할 시기를 맞추려 한다. 하지만 그것만큼 어리석은 일은 없다는 것을 여러 시행착오를 통해 깨달은 필자는 이제, 매입 전 예상했던 수익의 약 80~90% 수준에 이르면 매도하는 편이다.(매도를 결정할 수익 수준은 개인의 만족도나 상황에 따라 스스로 판단하면 된다.)

물론 아까울 수는 있다. 실제로 팔고 난 다음 더 크게 오른 경우도 있어서 그 물건을 볼 때마다 아쉬운 마음이 드는 것도 사실이다. 그러나 불확실한 미래에 의존해 추가 수익을 기대하는 방식이 매번 성공할 수는 없다. 하나의 물건으로 최대의 수익을 얻기 위해 미련을 갖기보다는, 적절한 시기에 매도하여 수익을 현금화시키고 이를 종잣돈으로 또 다른 저평가 부동산을 매입해 추가로 자산을 늘려나가는 투자 방식이 훨씬 더 안정적이다. 그리고 이렇게 다른 투자처를 반복적으로 찾는 과정에서 부동산을 보는 시야 역시 계속 확장될 수 있고, 긴 시간 꾸준한 투자를 이어나갈 수 있다.

2 A급 지역의 물건을 가장 나중에 매도하라

투자를 하다 보면 다음과 같은 선택의 상황에 직면할 수 있다. 같은 시기에 투자한 두 채의 아파트를 현재 보유하고 있는데, 이 중에서 하나는 2천만 원이 올랐고 다른 하나는 5천만 원이 오른 상태다. 만약 다른 곳에 투자하기 위해 두 물건 중 하나를 매도해야 한다면 어느 것을 선택할 것인가? 이때, 많은 사람들이 5천만 원이 오른 물건을 파는 것이 더 좋다고 생각한다. 그동안 많이 올랐기 때문에 이제 팔아도 될 거라 판단하거나 이제 더 이상 오르지 않을 거라고 생각하는 것이다.

그러나 부동산은 '현재의 수익'과는 별개로 '입지가 좋은 곳'의 물건을 더 오래 가지고 있는 것이 낫다. 입지가 좋은 곳(A급 지역)은 부동산 시장의 상승기에는 가격이 더 크게 오르고, 하락기에는 덜 내려가는 경향이 있어서 더 많은 수익을 얻을 수 있기 때문이다. 위의 예에서는 5천만 원 오른 곳이 A급 지역일 가능성이 매우 높다. 사람들이 선호하는 곳이라 가격이 더 많이 올랐을 것이기 때문이다. 반대로 2천만 원이 오른 곳은 사람들이 상대적으로 덜 선호하는 C급 지역일 것으로 추측할 수 있다.

부동산 시장이 상승기 또는 하락기일 때, A급 지역과 C급 지역의 향후 기대 수익을 표시한 다음의 표를 통해 어느 부동산을 보유하는 것이 더 이득일지 자세히 분석해 보자.

항목	A급 지역 물건을 보유하는 경우	C급 지역 물건을 보유하는 경우
최초 시세 차익 ①	5,000만 원	2,000만 원
최초 매도 차익 ②	2,000만 원(C급 지역 매도)	5,000만 원(A급 지역 매도)
상승기 ③	+ 3,000만 원(상승)	+ 1,500만 원(상승)
하락기 ④	− 1,500만 원(하락)	− 3,000만 원(하락)
최소 기대 수익	5,500만 원	4,000만 원
최대 기대 수익	1억 원	8,500만 원

※ 최소 기대 수익 = ① + ② + ④
※ 최대 기대 수익 = ① + ② + ③
※ 이해를 돕기 위해, 양도세 및 비용은 고려하지 않았다. 그리고 가격은 최대 3천만 원 범위 내에서 상승 또는 하락하고, A급 지역과 C급 지역 사이의 상승분과 하락분은 일정하게 2배 차이가 난다고 가정했다.

표를 보면, 부동산 가격의 상승과 하락에 상관없이 A급 지역의 물건을 보유하는 것이 C급 지역의 것을 보유하는 것보다 기대 수익이 더 높은 것을 확인할 수 있다. 쉽게 비교하기 위해서 상승 폭과 하락 폭이 일정한 차이가 난다고 가정했지만, 실제로 시장의 상승기에는 A급 지역이 C급 지역에 비해 가격이 훨씬 더 크게 오르고, 하락기에는 A급 지역이 C급 지역보다 더 적게 하락하는 경우가 많으므로 A급 지역의 실제 기대 수익은 표의 기대 수익보다 더 높을 수 있다.

따라서 시장이 어떻게 변할지 모르는 상태에서 매도할 물건을 선택해야 한다면 가능한 A급 지역의 물건은 계속 보유하는 것이 훨씬 더 유리하다는 사실을 기억하자.

3 보유 기간과 세율을 고려해야 양도세를 줄일 수 있다

어떤 투자를 하더라도 매도 과정에서 수익이 발생하면 양도 소득세를 내야 한다. 그런데 부동산은 자체의 가격이 높은 편이므로 양도 소득세 역시 그 부담이 만만치 않다. 양도세는 보유 기간에 따라 세율의 차이가 매우 크므로 이러한 내용을 잘 고려하고 매도해야만 세금을 최대한 줄여 더 높은 순수익을 얻을 수 있다.

물론 가장 좋은 것은 비과세, 즉 세금을 내지 않는 것이다. 1가구 1주택자라면 양도세 면제 조건을 숙지해 가능하면 양도 시점에 비과세 요건을 갖추는 것이 좋다. 또한 1가구 1주택자가 새로운 집을 구입해 일시적으로 1가구 2주택자가 되는 경우에도 비과세 혜택을 받을 수 있는 조건이 있다는 점도 꼭 기억하자. 더 넓은 집으로 옮기거나 좋은 학군으로 이동하고자 할 때 이 비과세 혜택을 유용하게 활용할 수 있기 때문이다.(단, 비과세 조건과 기간은 정부 정책에 따라 자주 바뀌므로 사전에 꼭 확인해야 한다.)

그러나 세금에 대해서 지나친 욕심은 버려야 한다. 무조건 적게 내거나 내지 않으려고 비합법적인 방법을 이용한다면 득보다 실이 많을 수도 있다. 특히 상승장의 후반부에 접어들게 되면 정부 규제가 강화되면서 절세의 중요성이 커지므로 평상시 양도세에 대해서 숙지해두는 것이 좋다. 절세와 탈세를 잘 구분하자.

구분	과세 표준	세율			누진공제액
		기본	18.4.1 이후 조정지역 내		
			2주택	3주택 이상	
1년 이상 보유한 주택 및 입주권 (단. 입주권은 중과세율 적용 X)	1,200만 원 이하	6%	16%	26%	0원
	1,200만 원 ~ 4,600만 원	15%	25%	35%	108만 원
	4,600만 원 ~ 8,800만 원	24%	34%	44%	522만 원
	8,800만 원 ~ 1억 5천만 원	35%	45%	55%	1,490만 원
	1억 5천만 원 ~ 3억 원	38%	48%	58%	1,940만 원
	3억 원 ~ 5억 원	40%	50%	60%	2,540만 원
	5억 원 초과	42%	52%	62%	3,540만 원

| 2020년도 적용 양도세율 |

구분	신규 구입주택 소재지	18.9.13 이전	18.9.14 이후	19.12.17 이후
기존 보유주택 양도기한	조정지역 이상	3년	2년	1년
	비조정지역	3년	3년	3년
신규 구입주택 전입기한	조정지역 이상	해당없음	해당없음	1년
	비조정지역	해당없음	해당없음	해당없음

| 일시적 1가구 2주택 비과세 기준 |

※ (개정 조건) 조정대상지역 일시적 2주택자의 경우 19.12.17 이후 신규주택을 취득하고 1년 이내 기존 보유주택을 양도하고 1년 이내에 신규주택에 전입까지 마쳐야 비과세 가능

기존 보유주택	신규 구입주택	중복 보유 허용기간		신규 구입주택 전입기한
2주택 중 하나라도 비조정지역 주택		3년		해당없음
조정지역 주택		18.9.13 이전 취득주택	3년	해당없음
		18.9.14 이후 취득주택	2년	해당없음
		19.12.17 이후 취득주택	1년	1년

| 조정지역에서의 일시적 1가구 2주택자의 중복 보유 허용기간 |

※상기 내용은 2020년 6월 기준으로, 향후 정부 정책 변화에 따라 변경될 수 있음

4 상승기에는 가격을 높여서, 침체기에는 낮춰서 매도하라

'매도인 우위의 시장'에서 매수인은 가격이 더 오르기 전에 사야 한다는 심리적 압박감을 느끼므로 높은 가격에도 매수하는 경우가 많다고 앞에서 설명했다. 따라서 이 시기에 매도인은 현재 시세보다 조금 더 높은 가격에 매물을 내놓고, 관심을 보이는 사람이 있으면 가격 협상을 통해 계약을 성사시키는 것이 가장 유리하다.

그러나 '매수인 우위의 시장'이 형성되는 하락기에는 완전히 반대의 상황이 된다. 빨리 팔아야 하는 매도인에 비해, 사지 않아도 그만이라 생각하는 매수인이 심리적으로 더 우위에 있기 때문이다. 그럼에도 불구하고, 조금이라도 더 높은 가격에 팔고 싶은 매도인은 '매도인 우위의 시장'에서 거래하던 것처럼 가격을 높여 부르고 나중에 조정하려고 하는 경우가 상당히 많다. 하지만 이 시기에는 매도인이 제시하는 가격에 거래하려고 하는 사람이 없기 때문에 공인 중개사도 이런 물건은 중개하려고 하지 않는다.

따라서 부동산 시장 하락기에 꼭 매도를 해야 하는 상황이라면 시세를 파악한 후 가장 최저가에 매물을 내놓는 것이 좋다. 예를 들어, KB 시세가 3억 원이고 급매 가격이 2억 8천만 원이라면 2억 7,500만 원에 내놓고 매수인들이 관심을 갖도록 해야 한다. 시세가 높을 때 팔지 못하고 때를 놓쳐 현저히 낮은 가격에 팔아야 하는 매도인은 마음이 아프겠지만, 이 시기에는 최대한 먼저 매도하는 것이 가장 비싸게 매도할 수 있는 방법이다. 그 이유는 다음과 같다.

처음에 부동산 시장이 침체에 빠지게 되면 사람들은 '설마 가격이 더 떨어지겠어?'라는 생각에 팔지 않고 버틴다. 그래서 이때는 가격이 일정 수준 하락한 이후 더 이상 떨어지지 않는다. 하지만 시간이 흘러도 시장이 회복될 기미가 없으면 좌절한 사람들이 서둘러 매물을 내놓기 시작하고,

이렇게 급매물이 증가하면 가격은 다시 하락한다.

그래도 아직 상당수의 사람들이 팔지 않고 버티고 있기 때문에 하락세는 어느 수준에서 멈추지만, 이후에도 침체기가 계속 이어지면 그때까지 버티던 사람들마저 시장의 회복에 대한 기대감을 상실하고 투매하므로 다시 가격이 하락한다. 결과적으로 침체기에는 가격이 '계단식'으로 하락한다. 2008년 금융 위기 이후의 서울과 수도권 아파트 가격을 보더라도 지역에 따라 하락의 기울기가 다를 뿐 계단식으로 하락하는 모습을 확인할 수 있다.

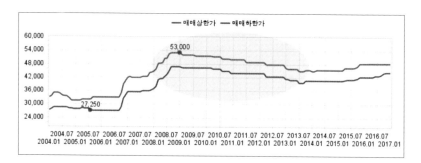

| 서울 중계동 주공 5단지(102.47㎡/84.79㎡) |

※2008년 이후 침체기에 접어들면서 계단식 가격 하락 현상이 나타나고 있다.

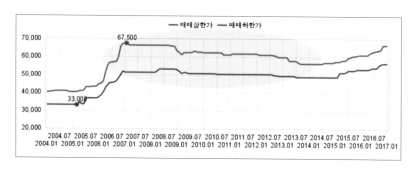

| 서울 신공덕동 1차 삼성 래미안(109.09㎡/84.9㎡) |

※마찬가지로 계단식 하락 현상이 나타나고 있으나, 출퇴근 교통이 편리한 A급 지역(공덕역 주변)은 다른 곳에 비해 하락 폭이 크지 않다. 가능하면 A급 지역을 오래 보유하라는 이유가 바로 여기에 있다.

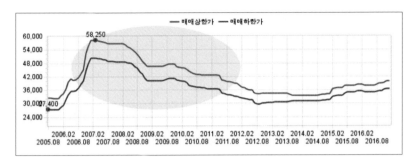

| 인천 송도 풍림 아이원 2단지(117.58㎡/84.96㎡) |

※ 당시 인천 경제 자유 구역의 개발 속도에 비해 상승 폭이 상당히 컸던 송도는 침체기에 접어들면서 계단식 하락 폭이 크게 나타났다. 침체기에는 미래의 호재에 대한 기대감으로 가격이 급등한 지역보다 실제로 인프라가 잘 갖춰진 곳의 하락 폭이 덜한 편이다.

가격 하락이 잠시 주춤한다고 해서 시장이 회복될 거라 기대하며 버티다가는 더 떨어진 가격에 눈물을 머금고 매도하게 될 수도 있다. 그렇기 때문에 침체기에는 미련을 버리고 최대한 빨리 파는 것이 가장 비싸게 파는 결과가 된다.

부동산 시장의 상승기와 하락기의 매도 방식은 분명히 다르다. '시장의 메커니즘'을 잘 이해하고 활용한다면, 상승기에는 수익을 최대한 창출하고 하락기에는 손실을 최대한 막으며 현명한 투자를 할 수 있을 것이다.

에필로그

불확실한 상황에서도
기회는 항상 존재한다

주변에는 부동산 가격이 하락할 것이라 여겨 부동산에 투자하면 안 된다고 생각하는 사람들이 많다. 앞으로 생산 가능 인구가 감소하면서 성장 동력이 점점 떨어질 것이므로 경제 성장률에 대한 전망이 밝지 않다는 뉴스도 들려오고, 미국의 기준 금리 인상이나 가계 부채의 증가 및 정부의 규제 때문에 부동산 투자는 위험하다고 말하기도 한다. 이처럼 언론에서는 부동산 시장의 침체를 이슈로 다루고 있고, 옆 나라 일본의 사례를 보며 우리나라 부동산 시장도 그와 같을 것이라는 우려의 목소리가 높은 것도 사실이다. 이런 부정적인 의견을 접한 당신은 지금 어떤 생각이 드는가?

부동산 투자를 두려워하라고 이런 이야기를 하는 것이 아니다. 과거를 돌아보자. 2000년대 중반과 2008년 금융 위기 직후는 당시 많은 사람들에게 '위기'라고 불리던 때였으나, 지나고 난 지금은 오히려 그때가 '기회'의 시기였음을 알고 있을 것이다. 누군가는 IMF 외환 위기로 인해 반 토막 났던 강남의 빌딩을 사 두었는데, 시간이 지나 그 가격이 몇 배로 뛰었다더라하는 이야기를 들어 봤을 것이다. 이처럼 많은 사람들이 위기를 그저 위기라 생각하며 피하는 동안 부동산 투자 고수들은 그 안에서 끊임없이 기회를 만들어 냈다.

위기는 결국 위기가 아니었던 것이다. 위기 속에서도 수익은 얼마든지 만들어 낼 수 있다. 물론 대다수가 부동산 시장의 상황을 부정적으로 바라볼 때 혼자서 다른 판단과 선택을 한다는 것이 그리 쉬운 일은 아니다. 그러나 부동산 투자에 대해 꾸준히 공부하며 쌓은 내공을 바탕으로 확신을 가지고 투자한다면 큰 수익이라는 차별화된 결실을 맺을 수 있음은 분명하다.

미래를 부정적으로 단정하고 쉽게 포기하는 사람에게 '기회'는 오지 않는다. 기회는 '스스로 만드는' 이에게 주어지는 것이다.

필자는 부동산 시장에서 20년이라는 시간을 투자자로 살아왔다. 호황기와 불황기를 주기적으로 겪었고, 시장의 변화에 적응하며 시기에 따라 적절한 투자 방식을 활용하면서 기회를 찾고자 노력했다. 그 결과 꾸준한 성과를 얻고 있을 뿐만 아니라 어떤 상황에서도 기회는 존재한다는 사실을 확신하게 되었다.

필자가 직접 경험하였듯이, 당신도 다가올 미래의 부동산 전망이 긍정적이든 부정적이든 그 안에는 분명 기회가 있다는 것을 명심하고 변화를 두려워하지 않는 투자자가 되기를 바란다.

평생 이기는 투자자로 거듭나기 위해서는 숙련의 시간이 필요하다

중국의 동부 지역에는, 농부들이 씨를 뿌리고 물을 주며 정성을 다해도 4년 동안 단 3cm밖에 자라지 않는 '모소'라는 대나무가 있다고 한다. 이 모소 대나무는 신기하게도 5년째 되는 날부터 하루에 30cm씩 자라기 시작해 6주

만에 15m 이상 성장하여 빽빽하고 울창한 대나무 숲을 이룬다. 기이한 이런 현상의 비밀은 땅 밑에 있었다. 땅을 파 보니 뿌리들이 땅 속으로 수백 미터나 뻗어 나가 있었고, 4년 동안 길게 자란 그 뿌리들로부터 엄청난 자양분을 얻어 순식간에 15m의 성장이 이루어졌던 것이다.

부동산 투자에 있어서도 인내와 숙련의 시간은 필요하다. 물론 성과를 얻기까지 걸리는 시간과 나타나는 결과는 각자가 다르겠지만, 확실한 것은 부동산 투자는 항상 노력한 만큼의 결과가 따른다는 사실이다. 처음에는 더디고 지루할 수 있으나 이런 시간만 견디고 나면 투자를 즐길 만큼 성장해 있는 자신을 발견할 수 있을 것이다.

부동산 시장에서 오랜 시간 투자자로 활동해 온 필자는 잠깐의 호기심이나 호재에 이끌려 부동산에 관심을 갖다가 얼마 지나지 않고 제자리로 돌아가는 사람들을 많이 보았다. 인내와 숙련의 시간을 견디지 못한 것이다. 지금 당장 성과가 보이지 않는다고 성장하지 않는 것은 아니다. 길게 뿌리를 내리는 과정을 지나면 순식간에 성장하는 모소 대나무처럼, 성공적인 부동산 투자자가 되고 싶다면 꾸준히 관심을 유지하며 현장을 지켜보고, 투자에 대한 공부를 게을리하지 않기를 바란다.

어떤 시기에도 위기에 흔들리지 않고 수익을 내기 위한 가장 확실하고 간단한 방법은 '꾸준함'이다. 긍정적인 마음으로 꾸준히 노력한다면 그 결실은 반드시 울창한 숲을 이뤄 당신에게 보답할 것이다.

이제는 필자뿐 아니라 필자의 칼럼과 강의를 통해 연을 맺게 된 제자들도 부동산 투자에서 꾸준히 승전보를 올리고 있다. 필자의 조언을 받아들이고 좋은 성과를 만들어 낸 이들의 연락을 받을 때마다 정말 큰 보람을 느낀다.

이분들의 편지와 메일은 이 책을 쓰는 데 가장 큰 원동력이 되었다.

초보 투자자에게는 제대로 된 길잡이 역할을 해줄 수 있기를, 부동산 투자를 어느 정도 해왔던 사람에게는 더 완벽한 투자 지침서가 되기를 바라며 겉보기에만 그럴싸한 책보다 진심으로 독자들이 필요로 하고 인정하는 책을 쓰고자 노력했다. 필자에게 있어서도 책을 집필하는 과정이 투자 인생을 되돌아보는 계기가 되었다는 점에서 무척 감회가 새로웠다.

이 책이 출간되기까지 정말 많은 분들의 도움을 받았다. 부동산 투자를 시작하면서 맺은 오랜 인연으로 계속적으로 기회를 만들어 주시고 출간 제의와 감수를 해 주신 도서출판 지혜로의 송희창 대표님께 진심으로 감사한 마음을 전한다. 그리고 3년 동안 많이 고민하며 공들여 집필한 필자의 글을 편집하느라 애써준 김혜진 님께도 감사드리며, 끊임없는 응원과 독려로 힘을 실어 준 행복재테크 카페 회원들에게도 감사의 말씀을 전하고 싶다. 이분들이 안 계셨다면 이 책은 결코 세상의 빛을 보지 못했을 것이다.

마지막으로 책을 쓰는 동안 많은 시간을 함께하지 못한 나의 아내 수영이와 사랑스러운 두 딸 서현, 채현에게도 미안함과 고마움을 전한다.

'도서출판 지혜로'는 경제·경영 서적 전문 출판사이며, 지혜로는 독자들을 '지혜의 길로 안내한다'는 의미입니다. 지혜로는 특히 부동산 분야에서 독보적인 위상을 자랑 하고 있으며, 지금까지 출간되었던 모든 책들이 베스트셀러 그리고 스테디셀러가 되 었습니다.

지혜로는 '소장가치 있는 책만 만든다'는 출판에 관한 신념으로, 사업적인 이윤이 아 닌 오로지 '독자를 위한 책'에 초점이 맞춰져 있고, 앞으로도 계속해서 아래의 원칙을 지켜나갈 것입니다.

첫째, 객관적으로 '실전에서 실력이 충분히 검증된 저자'의 책만 선별하여 제작합니다.
실력 없이 책만 내는 사람들도 많은 실정인데, 그런 책은 읽더라도 절대 유용한 정보 를 얻을 수 없습니다. 독서란 시간을 투자하여 지식을 채우는 과정이기에, 책은 독자 들의 소중한 시간과 맞바꿀 수 있는 정보를 제공해야 한다고 생각합니다. 그러므로 지혜로는 원고뿐 아니라 저자의 실력 또한 엄격하게 검증을 하고 출간합니다.

둘째, 불필요한 지식이나 어려운 내용은 편집하여 최대한 '독자들의 눈높이'에 맞춥 니다.
그렇기 때문에 수많은 독자분들께서 지혜로의 책은 전문적인 내용을 다르고 있지만 가독성이 굉장히 좋다는 평가를 해주고 계십니다.
책의 최우선적인 목표는 저자가 알고 있는 지식을 자랑하는 것이 아닌 독자에게 필 요한 지식을 채우는 것입니다. 독자층의 눈높이에 맞지 않는 정보는 지식이 될 수 없 다는 생각으로 독자들에게 최대한의 정보를 제공할 수 있도록 편집할 것입니다.

마지막으로 독자들이 '지혜로의 책은 믿고 본다'는 생각을 가지고 구매할 수 있도록 초심을 잃지 않고, 철저한 검증과 편집 과정을 거쳐 좋은 책만 만드는 도서출판 지혜로가 되겠습니다.

도서출판 지혜로, "돌풍의 비결은 저자의 실력 검증"

송희창 대표, 항상 독자들의 입장에서 생각하고, 독자들에게 꼭 필요한 책만 제작

도서출판 지혜로의 주요 인기서적들

경제 · 경영 분야의 독자들 사이에서 '믿고 보는 출판사'라고 통하는 출판사가 있다. 3권의 베스트셀러 작가이자 부동산 분야의 실력파 실전 투자자로 알려진 송희창씨가 설립한 '도서출판 지혜로'가 그곳.

출판시장이 불황임에도 불구하고 이곳 도서출판 지혜로는 지금껏 총 11권의 책이 출간되었는데, 이 모두가 경제 · 경영 분야의 베스트셀러로 자리매김하는 쾌거를 이룩했다.

엑시트 EXIT

당신의 인생을 바꿔 줄 부자의 문이 열린다!
수많은 부자를 만들어낸 송사무장의 화제작!

- 무일푼 나이트클럽 알바생에서 수백억 부자가 된 '진짜 부자'의 자본주의 사용설명서
- 부자가 되는 방법을 알면 누구나 평범한 인생을 벗어나 부자의 삶을 살 수 있다!
- '된다'고 마음먹고 꾸준히 정진하라! 분명 바뀐 삶을 살고 있는 자신을 발견하게 될 것이다.

송희창 지음 | 352쪽 | 17,000원

아파트 청약 이렇게 쉬웠어?

가점이 낮아도, 이미 집이 있어도, 운이 없어도
당첨되는 비법은 따로 있다!

- 1년 만에 1,000명이 넘는 부린이를 청약 당첨으로 이끈 청약 최고수의 실전 노하우 공개!
- 청약 당첨이 어렵다는 것은 모두 편견이다. 본인의 상황에 맞는 전략으로 도전한다면 누구나 당첨될 수 있다!
- 사회초년생, 신혼부부, 무주택자, 유주택자 및 부동산 초보부터 고수까지 이 책 한 권이면 내 집 마련뿐 아니라 분양권 투자까지 모두 잡을 수 있다.

김태훈 지음 | 352쪽 | 18,000원

싱글맘 부동산 경매로 홀로서기
(개정판)

채널A 〈서민갑부〉 출연!
경매 고수 이선미가 들려주는 실전 경매 노하우

- 경매 용어 풀이부터 현장조사, 명도 빨리하는 법까지, 경매 초보들을 위한 가이드북!
- 〈서민갑부〉에서 많은 시청자들을 감탄하게 한 그녀의 투자 노하우를 모두 공개한다!
- 경매는 돈 많은 사람만 할 수 있다는 편견을 버려라! 마이너스 통장으로 경매를 시작한 그녀는, 지금 80채 부동산의 주인이 되었다.

이선미 지음 | 308쪽 | 16,000원

경매 권리분석 이렇게 쉬웠어?

대한민국에서 가장 쉽고, 체계적인 권리분석 책!
권리분석만 제대로 해도 충분한 수익을 얻을 수 있다.

- 초보도 쉽게 정복할 수 있는 권리분석 책이 탄생했다!
- 경매 권리분석은 절대 어려운 것이 아니다. 이제 쉽게 분석하고, 쉽게 수익내자!
- 이 책을 읽고 따라하기만 하면 경매로 수익내기가 가능하다.

박희철 지음 | 328쪽 | 18,000원

송사무장의 부동산 경매의 기술

수많은 경매투자자들이 선정한 최고의 책!

- 출간 직후부터 10년 동안 연속 베스트셀러를 기록한 경매의 바이블이 개정판으로 돌아왔다!
- 경매 초보도 따라할 수 있는 송사무장만의 명쾌한 처리 해법 공개!
- 지금의 수많은 부자들을 탄생시킨 실전 투자자의 노하우를 한 권의 책에 모두 풀어냈다.
- 큰 수익을 내고 싶다면 고수의 생각과 행동을 따라하라!

송희창 지음 | 308쪽 | 16,000원

송사무장의 부동산 공매의 기술

드디어 부동산 공매의 바이블이 나왔다!

- 이론가가 아닌 실전 투자자의 값진 경험과 노하우를 담은 유일무이한 공매 책!
- 공매 투자에 필요한 모든 서식과 실전 사례가 담긴 이 책 한 권이면 당신도 공매의 모든 것을 이해할 수 있다!
- 저자가 공매에 입문하던 시절 간절하게 원했던 전문가의 조언을 되짚어 그대로 풀어냈다!
- 경쟁이 덜한 곳에 기회가 있다! 그 기회를 놓치지 마라!

송희창 지음 | 456쪽 | 18,000원

송사무장의 실전경매
(송사무장의 부동산 경매의 기술2)

부자가 되려면 유치권을 알아야 한다!
경·공매 유치권 완전 정복하기

- 수많은 투자 고수들이 최고의 스승이자 멘토로 인정하는 송사무장의 '완벽한 경매 교과서'
- 대한민국 NO.1 투자 커뮤니티인 '행복재테크' 카페의 칼럼니스트이자 경매계 베스트셀러 저자인 송사무장의 다양한 실전 사례와 유치권의 기막힌 해법 공개!
- 저자가 직접 해결하여 독자들이 생생하게 간접 체험할 수 있는 경험담을 제공하고, 실전에서 바로 응용할 수 있는 서식과 판례까지 모두 첨부!

송희창 지음 | 376쪽 | 18,000원

평생연봉 나는 토지투자로 받는다

농지, 임야, 공장 부지는 물론 택지까지!
토지 재테크를 위한 완벽 실전 매뉴얼

- 토지 투자는 한 번 배워두면 평생 유용한 재테크 툴(Tool)이다!
- 좋은 토지를 고르는 안목을 배울 수 있는 절호의 기회!
- 토지 투자 분야의 내로라하는 전문가가 비도시 지역의 땅과 도시 지역의 땅에서 수익을 올리는 비법을 전격 공개한다!

김용남 지음 | 240쪽 | 16,000원

대한민국 땅따먹기

진짜 부자는 토지로 만들어 진다!
최고의 토지 전문가가 공개하는 토지 투자의 모든 것!

- 토지 투자는 어렵다는 편견을 버려라! 실전에 꼭 필요한 몇 가지 지식만 알면 누구나 쉽게 도전할 수 있다.
- 경매 초보들뿐만 아니라 경매 시장에서 더 큰 수익을 원하는 투자자들의 수요까지 모두 충족시키는 토지 투자의 바이블 탄생!
- 실전에서 꾸준히 수익을 내고 있는 저자의 특급 노하우를 한 권에 모두 수록!

서상하 지음 | 356쪽 | 18,000원

수도권 알짜 부동산 답사기

알짜 부동산을 찾아내는 특급 노하우는 따로 있다!

- 초보 투자자가 부동산 경기에 흔들리지 않고 각 지역 부동산의 옥석을 가려내는 비법 공개!
- 객관적인 사실에 근거한 학군, 상권, 기업, 인구 변화를 통해 각 지역을 합리적으로 분석하여 미래까지 가늠할 수 있도록 해준다.
- 풍수지리와 부동산 역사에 관한 전문지식을 쉽고 흥미진진하게 풀어낸 책!

김학렬 지음 | 420쪽 | 18,000원

투에이스의 부동산 절세의 기술
(전면개정판)

**양도세, 종합소득세, 법인투자, 임대사업자까지
한 권으로 끝내는 세금 필독서**

- 4년 연속 세금분야 독보적 베스트셀러가 완벽하게 업그레이드되어 돌아왔다!
- 각종 정부 규제에 관한 해법과 법인을 활용한 '절세의 기술'까지 모두 수록!
- 실전 투자자인 저자의 오랜 투자 경험을 바탕으로 구성된 소중한 노하우를 그대로 전수받을 수 있는 최고의 부동산 세법 책!

김동우 지음 | 460쪽 | 19,000원

한 권으로 끝내는 셀프 소송의 기술
(개정판)

**부동산을 가지려면 이 책을 소장하라!
경매 특수물건 해결법 모두 공개!**

- 내용 증명부터 점유이전금지가처분, 명도소장 등 경·공매 투자에 필요한 모든 서식 수록!
- 송사무장이 특수물건을 해결하며 실전에서 사용했던 서식을 엄선하여 담고, 변호사의 법적 지식을 더한 완벽한 책!
- 누구나 쉽게 도전할 수 있는 셀프 소송의 시대를 연 바로 그 책! 이 책 한 권은 진정 수백만 원 그 이상의 가치가 있다!

송희창 · 이시훈 지음
740쪽 | 55,000원